忌印恐怖譚

くちけむり

我妻 俊樹

竹書房文庫

目次

こういうこと

百合絵さんの七歳下の腹違いの妹は中学生のときいじめを苦に、家にあった母親の睡眠薬を大量摂取し自殺をはかったが一命を取り留めた。

そのときの話を妹は十年以上経ってから百合絵さんにしてくれたそうだが、

「病院で意識がなかったときあたしマキちゃんのところに行ってたんだよ」

そういじめの首謀者だった子の名前を口にしたので百合絵さんは驚いた。その子は妹の入院中に夜道で交通事故に遭って体に重い障害が残り、それもあっていじめの件の追及がうやむやになったということがあったのである。

「あれはあたしがやったの。ていうかマキちゃんを車道に突き飛ばして轢《ひ》かせたんだけど、そうじゃなくて教室の窓からでも突き落とせばよかった。あれは轢いたトレーラーの運転手が気の毒だったな」

そう真面目な顔で言う妹にどういう態度を取っていいかわからず、百合絵さんは曖《あい》昧《まい》な顔で聞いていた。

するとと、
妹はそう言って意味ありげに笑い、

「信じてないでしょ」

「べつにいいよ、こういうことって本当にあるの、お姉ちゃんにもそのうち信じてもらえると思うし」

今度はまた真面目な顔になり、口をつぐんだそうだ。


それから五年後に妹は鬱病のつらさを訴える長い遺書を同棲中の恋人のPCに残して死んだのだが、彼女がプラットホームから飛び込んだ列車の到着時間ちょうどに、百合絵さんは自宅の食器棚の引き出しががたがたと音を立てるのを聞いたそうだ。

ねずみでも出たのかと恐る恐る取っ手を引いてみると、中にはまるでお面みたいにぺらっとした子供の顔が底に敷かれたように入っていた。

それはたぶん中学生の頃の、まだあどけなさの残る妹の顔だったという。

引き出しの中の妹はにこっと笑って何か言い、そのまま消えてしまったそうだ。

「こういうこと」

唇の動きで、そう言ったようにも思えた。

不思議と怖さは感じなかったと語る百合絵さんは、それから翌日の昼過ぎまで最愛の妹の死を知ることはなかった。

線路で無残な肉塊となった妹は、身元の分かるものを何も身につけていなかったのだ。

カジノモト

その店ができた当初は「この土地でこんな洒落《しゃれ》た感じのカフェは半年持たないだろう」と祐美さんは思ったらしい。

色形の不揃いな椅子とテーブルが並び、ダクトむき出しのスケルトン天井の下でジャズやボサ・ノヴァが流れる店内は、祐美さんに東京で送った学生時代を思い出させた。つまり故郷の町にはいかにも場違いなものに思えたのだ。

だが予想に反して店は一年後もそこにあった。

ただし「クール・ジャズの静かに流れるおしゃれカフェ」は、客層に合わせて生き残るために「昼カラオケの歌える庶民的なスナック」にすっかり変貌していた。おしゃれな内装はそのままだが壁には演歌歌手の写真が印刷された地元の祭りのポスターなどがべたべたと貼られていた。

祐美さんは主婦仲間に誘われて時々ここで昼ご飯を食べ、カラオケでユーミンや安室ちゃんを歌ってまったりと楽しんでいたそうだ。

そこまで妥協しても売り上げは伸び悩んだのか、開店からちょうど二年経った頃にその店は突然閉店してしまった。

そう祐美さんは主婦仲間から聞いていたのだが、ある晩遅くに車でその店の前を通ると明かりがついていたという。

しかもうっすらとカラオケの音も漏れ聞こえてきたので、ほんとは閉店してなかったのかな？　と気になって祐美さんは少し先で車を止め、歩いて店の前まで引き返してきた。

カラオケとともに聞こえてきた音痴な声は、どうやらTさんという近所の米屋の奥さんのようだ。何度か店で一緒になって、見事なまでの音程とリズム感の悪さに感心した覚えがある。

閉店の噂の真相も知りたいし、ちょっと覗いていこう。そう思って祐美さんはドアを引いた。

その瞬間、大音量で漏れてくるはずだったカラオケの音がふっと消えてしまった。

店の中は真っ暗で、停電かと思ったがそもそも何の物音もしていない。こんばんは、と声をかけてみたが何も反応は返ってこず、暗闇はしんと静まり返って人の気配がなかった。

おかしいなと思って外の看板を見ると、いつのまにか明かりが消えてしまっている。そのとき祐美さんの耳元あたりで、

「マッチイッポンカジノモト」

鼻にかかったような奇妙な訛《なま》りのある声がそう聞こえたという。

驚いて周囲を見回したけれど誰もいない。

祐美さんは怖くなって車に駆けもどるとそのまま家に帰った。


その店が火事で全焼したのは祐美さんが〈空耳〉を聞いた翌日の夕暮れ時のことだった。

斜め後ろにあるラーメン屋から出火して巻き添えを食ったかたちだが、店は五日前にすでに閉店していたそうで、建物内には誰もいなかったので幸い関係者にけが人は出なかったという。

だが店の常連の一人だった米屋の奥さん、つまりあの晩祐美さんが店から漏れてくる歌声を聞いたTさんは店が全焼したのと同じ日の午後、正確には出火の数時間前に自宅で倒れて救急搬送されていた。

脳出血で意識不明の状態になっているのを、たまたま米屋を訪れたカラオケ仲間でもある近所の客に発見されたのだ。

「やっぱりTさんの件も店が燃えたことと何か関係があるんでしょうかね？　よく考えたらあのとき暗闇から耳元に聞こえてきた声のほうも、たしかに訛りは変だったけど声じたいはTさんによく似ていたような気もするんですよ」

そう語る祐美さんは火事から一年あまり後にふたたび夫とともに上京して郷里の町を離れているのだが、その時点でTさんの意識はいまだ回復しないままだったそうだ。

回転

峻也さんの上司は元バンドマンで、今では大御所になっている某アーティストと対バンしたことがあるのを酔うたびに自慢しているような人だった。

いつもはそのアーティストのかつての輝きと現在の堕落を上から目線で論評していたそうだが、あるときその人が薬物使用で逮捕されたニュースがマスコミに流れると
「ドラッグは怖いよ」と上司はいつになく神妙な顔をして言ったらしい。

「課長も若い頃は嗜《たしな》んでたクチですか」

峻也さんが冗談めかして訊ねると、上司は険しい表情でかぶりを振ってこんな話をし始めた。


当時合法ドラッグと呼ばれ、まだ規制対象ではなかったある薬物が音楽仲間の間で流行《はや》り、上司の所属するバンドのメンバーも何人か手を出した者がいたらしい。

上司自身はアルコールで酔っ払えば十分という人だったので興味がなかったが、ある日はまっているメンバーの一人が昼間の路上で錯乱状態になって警察に通報されるという事件が起きてしまった。

ちょうどその時間他のメンバーは練習のためスタジオに集まっていて、無断で遅刻して連絡もつかないそのメンバーに対しみんなカンカンになっていたそうだ。

少ないバイト代をやりくりしてスタジオ代を出しあっているのに勝手な行動をする奴は許せない、というわけである。そもそもあいつは練習嫌いで技術的にもすっかりバンドの足を引っ張るようになってきた、クビにして新メンバーを入れるか？ いやいや何年も一緒にやってきた仲間だし見捨てられないだろ、と侃侃諤諤《かんかんがくがく》やっていると扉が開いてそのメンバーがふらっとスタジオに姿を見せたという。

その目つきを見て上司は「またこいつキメてんな」とあきれつつとにかく来たからには練習だ、と思ってそいつを急かして他のメンバーにも練習の再開を促したそうだ。

ところがメンバーたちはみんな固まったようになってたった今到着した奴のほうを見て動かない。おい何してんだよ時間がなくなるだろ、と言いながら上司も遅刻したメンバーのほうを見て「えっ」と言ったまま固まってしまった。

そいつは部屋の隅で両手をだらりと下げて突っ立っていたが、彼の首だけがそういう仕掛けのある人形のように同じ方向にゆっくりと回り続けていたのである。あるいは映画「エクソシスト」の悪魔憑きの少女みたいにと言えばいいか。頭部がぐるっと三六〇度回転して正面を向き、そのまま同じ方向に回ってまた正面を向く、というのを延々とくり返していたのだ。

メンバーたちはみんなこの異常な光景を前にして、なすすべなく脂汗を流して震えていた。

上司いわく「たぶん十二、三回転くらい」したところでそいつは電池が切れたみたいに床に膝から崩れ落ち、そのまま吸い込まれるように消えてしまったという。

いったい今のはなんだったのか？　幽霊か？　あいつ死んじゃったのか？

メンバーたちはもう練習どころではなく騒然となっていたが、携帯に掛けても自宅に掛けても相変わらず電話に出ないし当人の安否は確認できないままだった。

実際には彼はその時間搬送された病院で治療を受けていたことが、後にわかったのである。

「あいつたぶん路上でゲロ吐いて暴れながら、自分ではちゃんとスタジオに向かってるつもりだったんだろう。だから病院に担ぎ込まれても本人はスタジオにいるつもりで、うっかりスタジオに現れちゃったんじゃないか。そこで首ぐるぐる回してた意味は全然わかんないけどな……」

だからドラッグは怖いんだよ。

話し終えた上司はため息をついてそう付け加えた。


ちなみに問題のメンバーは退院後もバンドにはもどらず、音楽も辞めて地元の歓楽街でポン引きなどをしていたが三十歳になる前に自死してしまったそうだ。

人のあまり立ち入らない山中で首を吊っていたので発見が遅れ、死体は首の皮がのびきって飴《あめ》のように捻《ね》じれていたという。

おかあさん

宏輔さんが若い頃たまにドライブしていたコースに、倒産して廃墟になった病院があった。

地元有数の心霊スポットとしても知られていたそこに、宏輔さんたちが実際に潜入したのは一度だけ。とくに何も怖いことも面白いこともなく終わって以降は前を通りかかるたびスピードを落としたり、路肩に停めて車内から廃病院を眺めてわいわい騒ぐことはあってもそれ以上近づくようなこともなかったらしい。

ある日のこと、宏輔さんは友人のSと町でナンパしたケバめの女子高生二人を乗せて車を走らせていた。やがて廃病院の近くまでやってくると女の子の一人が、

「あたしあそこの病院で生まれたんだよ、十七年前」

そんなことを言い出したので、じゃあきみの生まれた場所を見にいこうかと言って

にわかに盛り上がって車は廃病院の横の空き地に乗り入れた。

だが病院は解体の準備が進んでいるのか、以前潜入したときと違って敷地の周囲に塀がめぐらされて建物に近づけなくなっており、宏輔さんたちはぐるっと一周して入口が見つからずあきらめて車のある場所にもどってきたという。

そのとき、

「あっ」

女の子が小さく叫び声を上げて立ち止まった。

見ればこの病院で生まれたと言っていたほうの子で、建物を指さして口をあんぐりと開けている。みんなが彼女の指さすほうを見ると、最上階の窓のひとつに白い入院着のようなものが一着ぶら下がっているのが見えたという。

なんであんなものがぶら下がったままなんだろう？　と思ってよく見るとその白い服からは頭が生えていて長い髪が両肩にかかっていた。

「おかあさんだ」

宏輔さんたちが幽霊だ幽霊だと大騒ぎになっている横でその子がぽつんとそうつぶ

やいた。

何言ってるの幽霊でしょ、と連れの女の子が叫んで彼女の腕を掴んでむりやり車に引っ張り込み、宏輔さんたちもばたばたと逃げ込むとすぐに車を発進させた。


宏輔さんたちが興奮してたった今見た〈幽霊〉のことを、顔は見えなかったとか宙に浮かんでたとか、いや足がなかったんだろとか話しあっている間も、その女の子だけは放心したようにずっとくりかえし、

「おかあさんだった」

そう同じ口調で言い続けていたという。

「おかあさん、きみをあの病院で生んだとき亡くなったの?」

助手席から身を乗り出してSがおずおずと質問すると、女の子は首を左右に振った。

「でも、亡くなってるんだよね?」

「ううん」

女の子はふたたび首を横に振る。

「今日も家出る前、おかあさんが焼いてくれたバタ一ロール食べてきた」

あっさりそう答えたそうだ。

これにはSも唖然としたようで、

「じゃあなんで幽霊をおかあさんだなんて言ったの？　意味不明なんだけど」

つい怒ったように問い詰めたところ、女の子は「おかあさんに似てたから」とか「よくわかんない」「そういう意味じゃなくて」などともごもご言い訳していたがそのうちひどく傷ついたような顔で黙り込んでしまった。

連れの子も一緒にうつむいて無言になってしまい、車内がにわかに重苦しい空気に満たされた。

その嫌な雰囲気のまま駅前ロータリーに乗り入れた車から「じゃあね」と二人を降ろし、宏輔さんたちは自宅のある郊外のほうへ車を走らせていった。

「連絡先くらい訊いとけばよかったかな」

しばらく走ってからぽつりとSが漏らしたという。

「ちょっとイタいけど女子高生だし、わりと可愛かった……んだっけ。あれっ？　今の二人ってどんな子だった？」

そうSが声を上ずらせたのを聞いて宏輔さんははっとなった。

たった今別れたばかりの彼女たちの顔が、どちらもさっぱり思い出せないのである。女子高生だったということは覚えているが、外見は制服を着ていたのか私服だったのかさえまるで記憶になかった。

「髪形もわかんない、なんだこれ？　嘘だろ？」

Sもそう助手席で騒いでしきりに頭を抱えていた。

彼らの頭に残っているのは、病院の窓辺に立つ人影の映像だけだったそうだ。

マンションの話

以前とあるマンションの自治会で共用通路の使用が問題になったことがあった。ある住人が部屋から家具や大型家電などを外に運び出して通路を塞いでいるというのだ。

夜の間そんな状態になって、朝には片付いていたので引っ越したのかと思っていると、夜になるとまた通路が家具や家電で塞がれている。なんのためにするのかわからないが、そんなことが毎晩続いて迷惑だという話になって、その部屋の住人は会合に出席していなかったので代表が部屋を訪問して話をしにいったという。

すると住人は不在だったが、苦情を言っていた人によればそろそろ通路に荷物が運び出される時刻だという。でも住人がいないなら今夜は大丈夫だろうという話になって、それぞれ自宅に帰ったのだが、しばらくすると会長のところへ電話があった。例の苦情を言っていた人からで、ほんの数分目を離した隙に通路がまた家具で塞がれているというのだ。

会長たちが駆けつけると、フロアの通路の西側のほうがすっかり見通しが悪くなっている。ごちゃごちゃに並んだ本棚や食器棚、冷蔵庫などの隙間をすり抜けていくと、一番端っこの玄関の前で苦情主の男性が渋い顔をして突っ立っていた。

とにかく目を離したのは二、三分のことで、これだけの荷物を運び出せる時間はなかったというのである。問題の部屋のインターフォンを鳴らしてみたけれど無反応で、中からは人の気配もなかった。朝になるとまた荷物が消えていたが、これはとにかく一度住人ときちんと話をつけなければならない、ということで管理会社を通して連絡を取ろうとしたのだが、管理会社のほうでも住人とまったく連絡がつかず担当者が直接部屋を訪問することになった。

その際自治会長たちも立ち会って部屋の鍵を開けると、中から漂ってきた臭いにみんな「あっ」という表情をしたそうだ。互いに顔を見合わせて先を譲るような格好になり、しかたなく管理会社の人が意を決して飛び交う羽虫たちの中を奥へと進んでいった。

結論を言うと住人の男性は室内でうずくまるように倒れて亡くなっていて、寒い季節だったので腐敗の進行は遅かったようだが死後二週間ほど経っていた。

それはちょうど部屋の荷物が夜の間通路に出されて塞ぐという、例の不可解な騒動が始まった時期と一致していたそうだ。

住人が自分の孤独死を誰かに知らせるためにあんなことをしていたのでは、という話が住人の間で噂されたりしたそうだが、それならどうしてそうとはっきり言わずあんな回りくどいことをしたのかは誰にもわからなかった。

Gさんは酒飲みで自宅でも一人でかなりの量を飲む男性だが、困ったことに記憶がよく飛ぶのだという。それも直前までは酔っ払いつつも頭ははっきりしていて、見ていた映画の内容なども途中までちゃんと覚えているのに、突然場面が飛んだように次の朝になってテレビ画面はいつ借りたかも記憶にないAVと入れ替わって一時停止になっていたりする。

ただ酔いつぶれて寝てしまったのなら話は簡単なのだが、記憶の飛んでる時間に外出したり人に会ったり、いろいろと活動している痕跡があるのが厄介だし恐ろしいという話なのだ。

その晩は昔の同僚だった人と飲んで、最低だった職場や人間の屑だった上司の悪口などで盛り上がって終電前には解散した。その時点ではまっすぐ家に帰るつもりだったのだが、気がつくとGさんは知らない洒落た感じのバーでグラスを手にしていた。

目の前ではバーテンがGさんの隣に座っている四十歳くらいの女性と話していて、女性が時々こっちに話を向けてくるのでどうやら自分もこの会話の輪に入っているのだとGさんは気づいた。いったい何を喋ったんだろうとGさんは思い出そうとするが、白紙のページをめくるみたいに何も出てこない。適当に相槌を打ちながら聞いていたら女性が突然こんなことを言い出した。

「でもGさんって視える人なんでしょ？　だったら何かわかるかもしれないじゃない。あたし本当に困ってて、ほら×××さんっているでしょ、時々テレビで見るあの霊能者にツテがある人知ってるから見てもらおうかと思ったくらいなの。でも××ってずいぶん高いらしいのよねえ。まさかGさんなら紳士でいらっしゃるしそんなボッタクリはしないでしょ？　もちろんちゃんとお礼はさせてもらいますけど」

どうやらGさんは本名を名乗ったうえに何かオカルト的な相談めいたものまで受けていたらしい。思わず心の中で頭を抱えた彼は女性の口から次々と「地縛霊」「ラップ現象」などの単語が飛び出すのをぼんやりと聞いていた。

Gさんは酔っ払うと自分の霊感を周囲に吹聴する癖があるらしい。たしかに不思議な体験はしているけれど、ふだんは自分でも半信半疑なのに酔うと大袈裟に語ってすごい霊能者であるかのように自称してしまうようなのだ。しかも後になって気づくというか、記憶にない時間の自分の尻拭いをこれまで数え切れないほどしていたらしい。

いつのまにか女性はGさんの分まで勘定を済ませて立ち上がり、Gさんにも立つように視線で促していた。正直かなり美人だったので下心もあってGさんも弱々しく席を立つと、女性に続いて店を出たそうだ。

タクシーが乗りつけたのは高台にあるまだ新築同然に見えるマンションだった。車内で断片的に聞いた話から想像すると、女性は頻繁に悪夢にうなされることと部屋の物が失くなったり、身内に不幸があったことを結びつけて考えているようだった。気のせいとしか思えないような〈心霊現象〉を得々と語るのを聞きながら、これって要するに男を部屋に誘う口実なんじゃないか？　と軽い気持ちでエレベーターを降りたGさんは、その階の通路の途中で思わず「うわっ」と声を出して立ち止まった。

通路の突き当りにドアがあるのだが、あきらかに閉じているそのドアの左右の隙間を紙のように薄い人型のものが出たり入ったりしているのが見えたのだ。

女性には何も見えてないらしく、Gさんを怪訝そうに見るとどんどん先を歩いていって玄関の鍵を開け、ドアを開けた状態で振り返ってGさんににっこり笑い掛けた。

その女性の肩越しといわず脇の下、脚の間といわず、無地の紙のような人型のものがほとんど束になって上半身を出してのっぺらぼうの顔でGさんのほうを見ていたそうだ。

Gさんはもう下心も恥も全部かなぐり捨てて走ってその場から逃げ出した。

大通りに出て拾ったタクシーで家に向かっている間、知らない番号から携帯に何度もかかってきたそうだがGさんは無視して着信拒否にした。


允雄さんの弟が住んでいた町は住宅街のところどころに古い祠があって、誰が供えているのかどの祠も新しい花やお酒などが欠かさず置かれているようだった。こんな新しい家ばかり並んだ土地でも信心深い人はいるんだな、と允雄さんは弟宅を訪ねるたび駅からの行き帰りに感心して眺めていたそうだ。

弟はマンション住まいで独身時代に住み始めたところに結婚後も住み続けていた。だが奥さんとの二人暮らしには手狭なので引っ越したがっていたという。

ただその部屋は駅からはやや距離があるとはいえ、２ＤＫがワンルーム並みの家賃だったのでそれ以上広い部屋を借りるなら家賃がぐんと跳ね上がってしまう。だから部屋探しは継続していたもののなかなかこれといった物件には巡り合えず、狭さに不満はありつつ奥さんもその部屋での生活にもうかなりなじんでいるようだった。

ある日允雄さんが弟のマンションを訪れると、エントランスでちょうど外へ出ようとしている奥さんとすれ違った。挨拶すると奥さんは目をそらすように頭を下げて小走りに出ていった。部屋に着くと弟がやつれたような顔で允雄さんを迎え、下で奥さんに会ったよと告げると曖昧に言葉を濁している。

喧嘩でもしたのかなと思い、允雄さんは奥さんのことには触れないようにしてその日の用件を片づけると早々に帰ろうとした。

だが弟は允雄さんを引き留めると、

「晩ご飯食べていってくれよ、トミコがご馳走つくるって張り切ってたからさ」

そう奥さんの名前を言うので允雄さんはとまどった。

気詰まりな食事になりそうなので暇したかったが弟が執拗に引き留めるので、允雄さんはあきらめて座り奥さんの帰りを待った。

夕方になり、外がすっかり暗くなっても奥さんは帰ってこなかった。

やがて夜の九時を回ったけれど、弟は点けっ放しのテレビを見て笑ったり雑談をするだけで奥さんの帰りが遅いのを気にする様子もない。

允雄さんがもう帰るよと言い出そうと思っていると玄関のドアが開く音がした。

すると弟がにこにこと笑って立ち上がり、玄関のほうで何やら話していたがやがて奥さんと二人でリビングにもどってきた。奥さんは胸にたくさんの花を抱えていてその匂いが一瞬で部屋中にむんと広がったという。

花はきちんと束にされているものや、切り花がむき出しのものなど様々で色や形も雑多、それを奥さんは見せびらかすように允雄さんのほうへ向けた後キッチンへ消え、鍋に水を入れ点火する音が聞こえてきた。

允雄さんの前にふたたびでんと腰を下ろしてテレビを眺め始めた弟からは、たった今奥さんの持って帰った大量の花について何の説明もなかった。

だが允雄さんは、それらの花がこの町のあちこちにある祠の前から集められたものに違いないとなぜか確信していた。

何か言わなければと思うのだが、言葉が出てこない。

するとキッチンからはトントンという包丁の軽快な音が聞こえてきた。

允雄さんは無意識に立ち上がって戸口からキッチンを覗き込んだ。

奥さんが次々に花を刻んでいくまな板の周囲に何かちらちら動くものが見え、目を凝らすと黒い小鬼のようなものがひょこひょこと浮かれたように踊って跳ね回っていた。

允雄さんは無言でそのまま玄関に向かうと、震える足をむりやり爪先だけ靴に突っ込んでドアの外に転がり出た。

「おなかがすいたいいにおいがしてくるぞこれはごちそうだな」

「おなかがすいたでしょいいにおいがするでしょこれはごちそうよ」

まるで棒読みの台詞《せりふ》のような夫婦の会話が、閉まるドアの隙間から聞こえてきたそうだ。

この日以来允雄さんは弟夫婦との交流が途絶えているが、今も二人は同じ部屋で仲睦まじく暮らしているようだという。

これら三つの話はそれぞれべつのマンションでの体験談だが、その三つの建物は隣接した区画にあって地図で見るとちょうど点線のように並んでいる。

そして偶然にも部屋番号が同じ、どの部屋も五〇九号室なのである。

秋風

先日仕事でD市に行ったとき和花子さんはずいぶん前にその辺りを車で通ったことがあるのを思い出した。

当時つきあっていた彼氏と車で旅行した際に途中、少し寄り道をした土地だったのだ。

懐かしいなと思ってぼんやりした記憶をたどり歩いていくと、急に景色が開けて目の前に広々とすすき野原がひろがっていた。

金色のすすきの穂が風に揺れている先には、傾きかけた日にきらきらと照らされた水面が見えている。そうだこの沼のほとりで車を止めてしばらく周辺を散歩したんだったな、と何か胸にぐっと迫るものを感じながら和花子さんは未舗装の道を歩いていった。

もう街にもどらなければ、と時計を見て引き返そうとした和花子さんの前に何か小さなものが飛び出してきたという。見れば、一羽の少し不格好な感じの鳥がよちよちと道をよこぎろうとしているところだ。

足のかたちを見ると水鳥のようで、鴨《かも》に似たその鳥は道の真ん中で立ち止まると、今気づいたかのように和花子さんのほうへ向き直った。

その動きが滑稽でかわいらしいなと思いかけたが、胸のあたりの丸いふくらみに目をとめて彼女は息を呑んだ。

羽毛を分けるようにしてそこから人間の手指のようなものが見えていたのだ。まるで内側から誰かが手を出しているように、鳥の胸からはゆるく曲げられた五本の指がエプロンのように垂れていた。

思わず和花子さんが後ずさると、後ろから砂利を踏むタイヤの音が聞こえてきた。振り返ったら一台の軽トラックが近づいてきていて、端によけた彼女の横を通り過ぎてしまうと、あの不格好な鳥はどこかにいなくなっていたという。

すすきの上を渡って風が吹いてくる。和花子さんは寒気にぶるっと震えるとほとんど駆け足でその場を離れた。

長い間忘れていたことだが、その土地に元彼と来た頃、和花子さんは彼氏の友達と浮気をしていて、どちらと別れるべきだろうかと旅行中ずっと悩んでいたそうだ。

あの沼のほとりで彼氏が結婚の話をほのめかし始めたとき、ちょうど和花子さんの携帯に浮気相手からのメールが届いて彼女はひどい罪悪感に襲われたのだという。

彼氏の言葉はほとんど頭に入ってこなくなり、それから数日間の旅行中ずっと和花子さんは上の空のままで彼と何を話したのかもよく覚えていない。

旅から帰ってきてほどなく、和花子さんは彼氏とその友達の両方に別れを切り出したのだ。

あのときも沼のほとりの道に一羽の不格好な鳥が現れて、じっとこちらを見ていた。和花子さんはようやくそのことを思い出した。

その鳥は奇妙なことに、胸のあたりから人間の指先のようなものが覗いていた。羽毛を分けるようにしてそこから指の第一関節あたりまでが見える。その鳥自身を、鳥の内側から掴んでいるようなかたちだった。

和花子さんだけが鳥の存在に気づき、彼氏の言葉が心を素通りしてゆくのを感じながらそれを見つめていたのだ。

今日会ったのはたぶんあのときと同じ鳥なのだろう、と彼女は思った。

だが以前と違って五本の指は根元まで羽毛の外に現れていたし、つるりとした、女のものらしい薄い手の甲まではっきり見えていた。

ということは、つまり、あの手はだんだん外に出てこようとしているのだ。

おじさん

実録怪談では体験者や情報提供者の氏名、そのプロフィールなどはぼかすか仮のものに置き換えて語るのが一般的と言われています。

それにはプライバシー保護といった至極もっともな理由から、大事なネタ元の身許が割れて同業者に横取りされたくない、といった書き手のエゴにもとづく警戒心までいろいろな理由があると思うのですが、ちょっと変わった理由で自分の周辺情報の掲載は絶対ＮＧという体験者の方がいました。

その人はいわゆる霊感体質の女性なんですが、霊的なものとの接触に関して独特な見解を持っておられるようなんですね。

つまり簡単に言うと「霊はネットや書籍などで文字化した情報を参照している」というのが彼女の持論なんです。

その人の説では、文字の世界というのは霊的な世界に近いというかすぐ傍にあるもので、文字に書かれたものはそれがネットだろうが書籍だろうが、印刷だろうが手書きだろうがすべて霊たちに読まれてしまう可能性があるんだそうです。

だから霊的な体験をした人の本名などがどこかに記されると、それは霊的な世界側からすればポスターにして町中に貼られているのと同じことなのだとか。

「あの人には霊が見えるらしいから、あの人のところに行けば話が聞いてもらえる」ということがあちらのみなさんに知れ渡って、ますます厄介な霊が押し寄せることになるんだそうで、だから自分の周辺情報はいっさい掲載NGですという立場なわけです。

にわかには信じがたいような話ですし、文字は駄目でどうして口頭で語る分にはOKなのか？　という疑問も湧きましたが、それに対する彼女の説明はかなり難解でそれを記すと本書の趣旨からは外れてしまうので省略します。

そんな彼女の体験談は本書の他の項にも個人情報をぼかしたかたちで収録していますが、ここでは彼女の持論とも関係がありそうな奇妙な体験談をひとつご紹介しましょう。

彼女――Fさんは子供の頃から日常的に〈そこにいるはずがないもの〉を見ている人でした。

そしてそれが他の人と違うのだということを、ある時期まで今ひとつ理解していなかったようです。

たとえば通っていた幼稚園の庭にいつも来ている麦藁帽子をかぶったおじさんがいて、Fさんは園の近所に住んでいる人なのかなと漠然と思っていたそうです。

作業着のような姿ですが何か仕事をしている様子はなく、ただ笑顔でじっと立っているだけだし、父母が迎えにくる時間にはいなくなっているからです。

いつも遠くに立って見ているだけだから景色のように見慣れていたそうですが、それでも幼い心に何か引っかかりがあったのでしょう。お絵かきの時間に他の子がママやパパ、新幹線や動物園のキリンなどを喜々として描く中、Fさんは園庭の隅に立っているその麦藁帽子のおじさんの姿を一生懸命絵に描いたそうです。

ところが全員の描いた絵が教室の後ろに貼り出されると、Fさんの絵はおじさんを描いた絵だとは認識されず、自分の父親を描いたのだとみんなに誤解されてしまいました。

「うちのパパはこんなに老けてないしもっとかっこいい」と大いに不満だったFさんは、先生に頼み込んで絵の余白部分に、

〈おじさん〉

そう大きく書き加えてもらったんだそうです。

これでもうパパとは間違われないぞと満足して、Fさんは家に帰りました。

翌日送迎バスを降りて教室に足を踏み入れたFさんは唖然としました。

壁に貼り出された園児たちの絵の、ちょうど彼女の絵の前に見覚えのある麦藁帽子をかぶった背中が立っていたのです。

近づいて覗き込むとやはりそれはおじさんでした。

Fさんが描いた絵をじっと見ているおじさんの横顔は、いつもよりいっそう嬉しそうな笑顔になっていました。

でもその顔を見てFさんはちょっぴり「気持ち悪いな」と思ったそうです。

だから迷いつつ「これおじさんなんだよ」と話し掛けてみましたが無反応でした。

やがて教室に先生がやってきてもおじさんは絵の前から動きませんでした。

早く出ていかないと先生に怒られちゃうよ、とFさんは気が気ではありません。ところが先生はおじさんを無視してオルガンを弾き始め、朝のお歌の時間が始まってしまいました。

みんなと声を合わせて歌いながらFさんは教室の後ろをちらちら見てしまいますが、作業着に麦藁帽子の中年男性が突っ立っているのに他の子は誰も気にしている様子がないし、歌が終わっても依然として先生がおじさんを無視したままなのを見てようやくFさんは「みんなにはおじさんが見えないんだ」と気づいたとのことです。

貼り出された絵が何週間か後に片づけられるまで、おじさんは少しずつ薄れながらずっと教室の後ろに立ってFさんの絵を見つめていたそうです。

その後ろ姿が脳裏に焼き付いていて、肝心の絵がどんなだったのかはFさん本人もよく覚えていないという話ですが、

「あたし絵は今でもド下手だから、やっぱり先生に〈おじさん〉って書き込んでもらわなきゃおじさん本人にも気づかれないままだったと思う」

そう言ってFさんは笑っていました。

出口

映美香さんは熱があってしんどいときに、どうしても職場に行かなければならない日があった。

彼女しかわからない仕事でその日までに先方に提出しなければならない資料があり、外に持ち出せないデータなどもあるので家で作業するわけにいかなかったらしい。

映美香さんは解熱剤を多めに飲んで這うようにして出勤し、どうにか午前中で資料を完成させた。そこで早退しようとすると、解熱剤の飲み過ぎが悪かったのか自分でもよくわからない行動を取ってしまった。

席を立って部屋を出ようとしたら、通路をぐるっと回って自分の席にもどってきてしまったのだ。あれっ何やってんだろうと自分で思い、また立ち上がるのだがどうしても部屋の出口がわからない。同僚たちの机の間をうろうろと歩いてまた自分の席に座り込んでしまい、途方に暮れてしまった。

「先輩大丈夫ですか？　なんか顔が緑色に見えますよ」

後輩社員にそう言われて思わず鏡を取り出して見たら、たしかにまるでさっと湯をくぐらせたチンゲン菜のような顔色をしていた。

ぼーっと眺めていると「ほんとに大丈夫ですか？」そう後輩の声がして我に返り、映美香さんはよろよろとまた立ち上がった。

だが出口に向かって歩こうとすると、途中までは見えていたはずの出口が急に机になってしまい上司が不思議そうな顔で見上げていたり、ようやく見つけたドアを開けて出ようとするとあわてて後輩に止められ、それがドアではなく地上二十メートルの窓から身を乗り出していることに気づいたりした。

後輩には「救急車を呼びましょうか？」とまで心配されたが、映美香さんはなぜか「部屋の出口がわからないから連れていって」の一言がどうしても言えなくて、ただ「大丈夫。大丈夫だから」とくりかえして必死に笑顔をつくるばかりだったという。

何度目かに椅子から立ち上がった映美香さんは、部署中の視線が集まるのを感じながら心の中で（出口、出口）と呪文のように唱えながら通路をさまよい始めた。

そこへすっと横に立った男性が優しく笑いかけてきて、すべて心得ていますよという顔で映美香さんの腕を取ると並んで歩き始めた。

「あ、ありがとうございます」

思わずぺこぺこと頭を下げながら、映美香さんは導かれるままに歩いていって、やがてその男性が開けて押さえてくれているドアから外へ出ることができたという。

「助かりました、ほんとにありが……」

お礼を言おうと振り返った映美香さんは一瞬何が起きたのかわからなかった。

男性の姿はすでにそこから消え、目の前に閉じているドアにはオフィス内が見えるはずの縦長の窓がなかった。

それはドアポストのついたクリーム色の殺風景なドアで、クローザーには見覚えのある金色のドアベルがぶら下がっていた。

彼女は自宅マンションの玄関で、並んだ自分の靴を踏んづけ裸足でドアに向かい立っていたのだ。

どういうこと⁉　夢の中で出勤してたの⁉　そう混乱しながらあわてて職場に連絡を入れると、映美香さんがつくるはずだった資料は誰かがかわりに作成して無事先方に渡っていた。

だが結局誰がつくったのか後々まで不明のままで、その日社内で映美香さんを見たような気がするという同僚が数人いたことから「高熱の中出社してタイムカードを押さず猛然と仕事を片づけて去っていった」という伝説にいつのまにか変わってしまったそうだ。

映美香さんをオフィスの出口まで連れ出してくれた男性は今もはっきり目じりの小じわまで思い出せるそうだが、社内外含めてまったく心当たりはないらしい。

俳優の上川隆也に少し似ていたという。

梯子

典枝さんは梯子《はしご》が嫌いなのだそうだ。

いつの頃からかははっきりしないが小学校低学年の頃にはすでにそうだったらしい。庭で使う脚立、消防のはしご車、学校のプールに付いているタラップや、ステップの間ががらんどうになったタイプの階段まで区別なく、とにかく梯子になっているものはすべて徹底して嫌っている。

なぜなら梯子を見ると、必ず向こう側から覗いている顔があるからだ。

いつも同じ顔で、にやけた口元だが目は笑っておらず、頬には吹き出物が目立つ。眉毛には白髪が混じっているように見える。だが頭髪というか額から上の部分はなぜか見えないし、顎から下にあるべき体もなかった。

ただ顔だけが梯子に張り付いているみたいに向こうからこっちを見ているのである。

たいていは一つだけだが、長い梯子の場合は複数の顔が覗いていることもあった。

その際も等間隔というわけではなく、二つ並んでいたり妙に離れて現れていることもある。

裏側に回ってみると、顔はたいてい消えてしまう。ただ稀に顔も反対側に回ることもある。つまりどんなときも顔はつねに表側だけを典枝さんに向けていた。

かなり早い段階から、それが自分にしか見えないことは気づいていたようだ。そのわりには、なぜか顔は典枝さんには目もくれずまわりの人や物ばかりじろじろと眺めている。彼女がじっと顔を見つめても絶対に目が合ったりはしないらしい。

あんな顔に睨まれても気味が悪いが、無視され続けているのもなんだか不愉快だ。だから典枝さんは梯子が嫌いなのである。


こんなことがあったという。

高校生のときに班ごとの自由研究として、地域の昔話を収集してレポートしたことがあった。

その際、おもに地元の老人から話を聞いて回ったのだが、ある独居老人がそういう話をたくさん知っていると聞き及んでアポイントを取り、典枝さんたちは老人の住むアパートに向かった。

建物の前に立つと、鉄階段の格子状の隙間からは例の顔が覗いていた。にやけた口元に笑っていない目、白髪混じりの眉、頬には吹き出物だらけのあのいつもの顔だ。

老人の部屋は二階なので他の生徒たちはどんどん階段を上っていく。典枝さんも顔を見ないようにして上り始めたが、一人だけ階段のずっと手前で立ち止まって表情を曇らせている男子生徒がいるのに気づいたという。

早く来いよ、と上から呼ばれてもうーん、と言ったまま渋っている。

理由はわからないが何だか階段を上りたくない、とつらそうに言うのだ。

他の生徒たちはその子がふざけているのかと思って笑ったり、怒り出したりしていた。

典枝さんはもしやと思って足元の鉄階段を覗き込んだ。

すると口元のにやけた顔が、その男子生徒のことを食い入るように見つめていたのである。

男子生徒は具体的に何か気づいているわけでもないようだが、その視線に射すくめられたように前に進めなくなっているようだ。

だが最後にはしぶしぶ階段を上り始め、みんなが玄関前に揃ったところで班のリーダーがチャイムを鳴らした。


現れたのは優しそうなお爺さんだったので典枝さんたちはほっとして、部屋に上がらせてもらって話を聞いた。

初めのうちは少しぎこちないやりとりだったが、しだいにリラックスして互いに冗談など言いながらいろいろな興味深い言い伝え、まだ誰にも聞いたことのない珍しい話なども聞くことができた。

だが典枝さんは取材中、老人の顔にしばしば浮かぶ表情が気になってしかたなかった。

始終笑顔でほがらかに語る人なのだが、その目から時おり冷たく表情が消えることに気づいて気持ちがざわついていたのだ。

そのたびまるで梯子から覗くあの顔が、一瞬お面のように老人の顔に重なるように見えたのである。

そのことが影響しているのか、さっき顔に凝視されていた男子生徒も唇を震わせて何かひどく息苦しそうにしている。

心配になった典枝さんは、他の生徒たちに促してまだ続きそうだった話を切り上げ、老人のアパートを辞したという。


レポート発表の日、典枝さんが取材した昔話を読み上げていたら突然教室の扉が開き、顔を出した教頭が担任を呼び寄せると二人は廊下で小声で何か話していた。

すぐに険しい表情でもどってきた担任は、典枝さんと同じグループの男子生徒に何か耳打ちすると一緒に教室を出ていってしまった。

連れていかれたのはアパートの階段を上るのを嫌がっていた生徒である。

大きな手術をして入院していた母親の容態が急変して危篤状態となり、駆けつけた彼に見守られて未明に亡くなったという話を翌日の帰りのホームルームで典枝さんたちは担任から聞かされた。

教頭に中断されるまで典枝さんが壇上で発表していたのはあの老人から取材した話

だった。

「男の子が母親を大蛇に食べられてしまって、その大蛇に復讐するっていう話だったんです。そこまで言うのはこじつけかもしれないけど、でも彼のお母さんが亡くなったって聞いたとき感じた気持ちは、ずっと胸の奥にどんより残ってる感じがしますね」

梯子の顔は今も見え続けているが、このときのような経験は他にないそうだ。

夢の家族

美月さんの弟は小四のとき真冬の深夜に寝床からいなくなって、家の中にも庭にもいないから一家総出で捜したら、二時間後に近所の陸橋の下にしゃがみ込んでいるのが発見された。

一体どうしたのかと訊ねても自分でもわからないらしく寒さに震えながら困惑しているようだったが、家に帰って体を温めて落ち着いたらさっきまで見ていた夢のことを話し始めたという。

美月さんたちの家から一番近い繁華街であるF駅周辺らしい雑踏の中を、弟は家族と一緒に歩いていた。それが見たことのないような人出で満員電車のような混雑だったからか、まわりにいると思った家族がいつのまにか別人と入れ替わり、両親も姉も妙に顔が角張った無表情な人たちになっていたらしい。

それでも彼らは弟を囲むように歩いてやがて人込みを抜け、砂浜のようなところに出た。

そこは街とは対照的に誰もいないがらんとした景色で、見知らぬ家族たちはその場で砂の上にシートを敷き、弁当をひろげ始めたらしい。

弟の前にも当然のように弁当箱が置かれたが、知らない人にもらうのが嫌だったのと食べ物が退色した写真みたいな気味の悪い色だったので、手をつけずにいたら〈家族〉たちは弟にかまわずむしゃむしゃと弁当を平らげていった。

それが動物が餌をむさぼるような食べ方だったので怖くて見ないようにしていると、食事を終えた彼らがいかにも家族の団欒《だんらん》めいた感じで会話を始めるのが聞こえたという。

「さながってねえ、やすなばりんといえなすが、じゃかで」

「とくどろましてじ、ぎゃかさたつばわれるのと、かか」

「たば、たわかやぱったすろよ、ぱあだ」

見れば角張った顔を小刻みに左右に揺らしながら、彼らはそんな意味不明な言葉を話していた。

弟は怖くて一刻も早くここを離れたかったが、どちらへ逃げればいいのかわからずしゃがみ込んだ姿勢のまま動けなかったらしい。

「さんなんだえ、へけえけせれぺちがっか」

角張った顔の父親が自分に話しかけているのがわかった。

何言ってるかわからないよ、と心でつぶやきながら弟は首を振った。

「なからばれん、なくやさめがか、とにかくよかった……心配したんだぞ。ほらこれ着なさい、早く帰ってお風呂で温まろうな」

そう声が聞こえて丈の大きすぎるダウンジャケットに包まれたとき、えっと思って見上げるとそこには〈本物〉の父親がいつもの丸顔で笑っていたのだ。

話を聞いて、夢遊病のようなものかと心配した両親は弟をカウンセリングに連れていったりしたらしい。だが原因がわからないまま彼のそのような行動は以後くり返されることはなかったようだ。

この騒動からひと月も経たない頃、弟が発見された現場である陸橋の下の道路で、車が橋脚に激突するという死亡事故が発生した。

居眠り運転が原因というこの事故で、乗っていた一家四人のうち助手席にいた小四の男の子だけが亡くなっている。偶然家族構成が美月さんの一家と同じで、男の子には両親と姉がいて事故当時も同乗していたということを知って美月さんは何となく気味が悪くなった。

だが普通に考えれば偶然の一致ということに過ぎないし、まだ幼い弟を刺激しないようにとその事故の詳細は伏せることを両親と約束して、そのまま忘れていたのだという。


それから約十年後の話である。

大学生になった弟がバイトを始めたばかりの飲食店で、フロアに案内された客を厨房から何気なく見たとき彼は思わず小さく声を上げてしまった。

かつて〈夢〉で見た、角張った顔の一家が揃ってテーブルを囲んでいたのである。

動揺しつつ皿洗いを続けた彼は一家が帰った後「あの人たちよく来るんですか」と先輩のバイトに訊ねたそうだ。

「うん常連さんだね、休みの日に親子三人で来るのが習慣になってるみたい。本当は子供がもう一人いたんだけど小さい頃事故で亡くなってて、男の子なんだけどね。一家で遊びにいった帰りにどこかの橋脚にぶつかって、その子だけ即死だったって話。それで毎年その死んだ子の誕生日にはうちでお祝いすることになってて、ちゃんとその子の分って言って料理一人分多く用意するんだよ。でも結局三人で全部平らげちゃうんだけどね、そもそもあの人たちかなり大食いだから……」

おしゃべり好きな先輩はぺらぺらと訊かれてもいないことまで話してくれた。

弟はこの日かぎりでその店を辞めたそうである。

バイク

こんな話を聞いたことがある。

孝さんはいわゆるニートの男性でたまに思い出したように短期バイトをするほかは基本実家で親の収入に頼って暮らしていた。

家にいると両親やすでに就職している弟の視線が刺さるので、幼馴染のAが一人暮らししているアパートへとよく〝避難〟していたという。

とはいえAは普通の会社員なので行ってもたいてい留守なのだが、Aの妹がやはりニートでゲーム狂いだったのでほぼ毎日兄の部屋に入り浸ってテレビの前に座り込み、ちらちらするゲーム画面と何時間もにらめっこをしていた。

孝さんはゲームに興味がないので、ただぼーっと後ろから妹のプレイ画面を眺めたり、部屋にある漫画を読んだりして時間を潰していたらしい。

ある日Aの部屋にいたら玄関のチャイムが鳴ったので、妹を見るとゲームから手が離せないみたいで「出てよ」という目をしたので、玄関に行ってドアを開けると知らない男が立っていた。

「ヒロエちゃん来てるんでしょ？　呼んできて」

がりがりに痩せてスキンヘッドでナマズ髭《ひげ》のある男にそう言われ、それがAの妹のことだと気づいた彼はテレビの前であぐらをかいている妹のところへ行って伝えた。

「なんかがりがりの革パンツの男がきみのこと呼んでるよ」

すると妹は突然コントローラーを放り投げて立ち上がり、

「マサハルくん⁉」

そう叫んですごい勢いで玄関に飛んでいってしまった。バイクのエンジン音が遠ざかっていくのを聞いて、妹がもどってこないのを確かめると孝さんはゲームの電源を落として片づけた。


しばらくしてAが仕事から帰宅すると「妹は？」と訊かれたので、

「なんかマサハルくんとかいうスキンヘッドの男が迎えにきて、一緒に出かけていったよ」

そう孝さんは答えた。

するとAは一瞬目が泳いだような、何か変な動揺の表情を見せたという。

それから孝さんの顔をまじまじと見ると、

「本当にマサハルって言ってたの？　どっかでその名前聞いてからかってるわけじゃないよな？」

妙に凄むような口調で問い詰めてきたので、ちょっとむっとしつつ孝さんは迎えにきた男の外見を細かく伝えたうえで、

「なんかバイクで来たみたい、一緒に乗ってってったんだと思うよ」

そう言った途端、Aはふらふらと床に座り込んでしまった。


Aの話では、彼の妹がかつてつきあっていた男がバイク事故で亡くなっているのだが、その男はがりがりに痩せてスキンヘッドでナマズ髭をはやしていたのだという。

「マサハルっていう奴なんだけど、そいつ二十歳そこそこで実は妻も子供もいる男でな。それは知っててつきあってた妹も悪いんだけど、だから事故の後妹は葬式にも出

られなかったしお墓の場所も知らないままなんだ」

どうしよう、マサハルに連れてかれちゃったのかなとうろたえているAに孝さんは、

「たまたま外見の似た同じ名前の奴だったんだよきっと。おまえが直接会ったわけじゃなくて、おれから間接的に聞いただけなわけだからさ」

そうなだめて、少し落ち着かせようと勝手知ったる他人の冷蔵庫からビールを二本持ってきて一本をAに渡した。

二人で無言で喉を鳴らしていると玄関のほうで物音がした。

Aがはっとした表情になり、駆けていったのを孝さんも追う。

ドアノブがガチャガチャ鳴っているのをしばし見つめた後で、Aは鍵を開けてドアを押し開けた。

だが外には誰もいなかった。

玄関灯に青白く照らされた廊下は無人だが、開いたドアのドアノブはまだ勝手にガチャガチャと鳴り続けていたという。

Aがドアの後ろを覗き込んでじっと固まっているので、孝さんも肩越しに覗き込んでみた。

するとドアとアパートの外壁の間に、Aの妹の映像のようなものが立っていた。

少しぽっちゃりした体型に大きな英字の書かれたトレーナーは部屋で着ていたものだが、妹はまるで厚みがなくなって映写されているみたいに壁に浮かび上がっていた。

兄妹はじっと無言のまま見つめあっていたが、やがて妹は明かりが消えるみたいにふっと見えなくなった。

そのとき背後の暗闇の中を遠ざかっていくバイクの音をたしかに聞いたという。


Aの妹はこの日以来自宅にもAのアパートにも姿を見せていないそうだ。

両親はもともと放任というか、もう大人なんだしどうせまた新しいバイク乗りの彼氏ができて部屋に入り浸ってるんだろう、という態度でAの話にも聞く耳を持たないようだ。

Aはあの後いきなり孝さんに対して「おまえが止めなかったから妹は連れてかれたんだ、おまえが一番悪い」と切れ始めたので、孝さんはAのところへ行きづらくなりあまり連絡も取らなくなった。

それでもたまにAから夜中に電話がかかってくることがあり、

「今マサハルの事故現場に来てる。ここにいたら妹に会えるかなと思って」

などと死にそうな声で話すので孝さんは心配している。

その声の後ろを妙に間延びしたバイクのエンジン音が毎回よこぎっていくのも、孝さんは気になってしかたないのだという。

お守り

東京に住むまで満員電車に乗ったことがなかった。だから最初に乗ったときは「今日はいったいどんなイベントがあるんだ？」と驚いたのだが、同じ混雑が三日続いたのでイベントではないと理解した。その三日間で眼鏡と携帯プレイヤーを電車の中で失くした。ダメモトで駅に聞いたら拾得物として保管されていたので、事務所に引き取りにいったらどちらも壊れていた。眼鏡は両レンズとも蜘蛛の巣のようにひびが入り、プレイヤーは二度と電源が入らなかった。

という話を大学の教室で知り合ったFという男に聞かされた幸安さんは、高校時代の自分の体験のことを思い出したという。

幸安さんは通学の距離がわりと長かったので、都心に向かう電車の中で眠って睡眠時間の足しにするのが日課になっていた。自宅の最寄り駅が始発だったから必ず座れるし、乗り換えもない。電車は何駅か目でどっと人が乗ってきてすし詰めになるので、以後は吊革につかまった人たちが電車の揺れに合わせて目の前に押し寄せたり引いたりするのを感じながら幸安さんは眠り続けた。

ある朝降りる駅が近づいて自然に目を覚ますと、座っている自分の膝の上にお守りが一つ載っているのに気づいたという。

ただ〈御守〉と書かれているだけの藍色の袋で神社名などはない。目の前に立っているサラリーマン風の人に「これ落としましたか？」と訊ねたが首を横に振ったので、しかたなく幸安さんはそれをポケットに入れて電車から降りた。

そのときは遅刻ぎりぎりだったので帰りに駅に届けようと思ったが、すっかり忘れて帰りもまっすぐ家に帰ってしまい着替える段になって気がついた。

「こんなのわざわざ駅に引き取りに来る人いないだろうなあ」

お守りを手にぶらぶらさせて眺めながらそう思った幸安さんは、次の日も一応カバンに入れて家を出たが駅窓口は行きも帰りも素通りして、ふたたびお守りを家まで持って帰ってきた。

もう届ける気はなかったが、捨てるのは何となく罰当たりに思えてできなかったし、見えるところにぶら下げるのもカッコ悪く思える。というわけでカバンに入れたままにしておくうちに、存在自体を忘れてしまったようだ。

毎朝の電車で眠る習慣は続いたのだが、いつの頃からか幸安さんは悪夢ばかり見るようになっていた。

底の見えないような崖っぷちに片手でぶら下がって助けを求めたり、頭が針山のようになった異様な動物に追い回され砂丘を逃げまどったりと、ろくな夢ではない。しだいに夢だけで済まなくなり、目が覚めた後も車内から刺すような視線を感じたり、時には電車を降りるときに大人しそうなOL風の女性に理由もわからず怒鳴りつけられたこともあった。

よくない精神状態だなと自分でも思うが、その原因がわからなかった。少なくとも自覚しているような悩みとかストレスがあるわけではなく、毎日順調にいっていると感じている。勉強も部活も恋愛もきわめて順調、と思っていたある日のこと、幸安さんは帰りの電車を待っているホームで後ろから誰かに突き飛ばされた。

ぎりぎりホームの縁で踏みとどまって振り返ると誰もいない。サラリーマンの退社時間には早いし、学生の帰りのピークともずれた微妙な時間なのでホームは閑散としていた。少し離れたところにいた同級生に聞いた話では、幸安さんは自分でバランスを崩してよろけたように見えたそうだ。だが彼の背中にははっきりと二つの手のひらで強く押された感触が残っていた。

家に帰ってカバンから教科書を取り出したとき偶然あのお守りが床に落ちたという。だが最初幸安さんはそれが同じお守りだと気づかなかった。まるで長年陽に当てられたように袋の色が褪せていて、布がボロボロになっていたからだ。

その変わりようを見て幸安さんは何か確信めいたものをおぼえて、お守りを手に取ると紐を緩めて中身を取り出してみた。

すると袋から出てきたのは折り畳まれた一枚の写真で、写っていたのは幸安さん自身だったという。

しかも隠し撮りされたのか、コンビニらしき場所で立ち読みしている無防備な表情の顔は針で突かれた無数の穴があいてスピーカーのようになっている。写真の裏には読めない文字が書かれていて、そのいくつかは天気図の記号に似ていたそうだ。

この気味の悪いお守りをすぐに燃やしてしまった——毛髪が焦げる臭いがしたそうだ——後は、電車の中で悪夢を見ることも妙な目に遭うこともなくなった。だが誰のしわざなのかまったく心当たりの相手はいないし、確かにその相手は眠っている自分の前に一度は立ったのだと思うと、混雑した電車は不安と緊張を帯び始める。

だから幸安さんは、Ｆが慣れない満員電車で紛失したという眼鏡と携帯プレイヤーがのちに壊れて見つかったことについても、落としてしまったのではなく混雑に紛れて誰かに故意に奪い取られたのかもしれないと思った。

それも欲しいからではなくただ壊すため、壊れたものを本人にふたたび届けるためだけに盗み取ったのかもしれないと思えたのだ。

異常な密度で人間が詰まっている場所に身を置くと、それくらいの悪意を意味もなく浴びてしまうことはある。

そういう意味では東京って怖いよ、そう幸安さんはＦに語ったのだという。

芋虫

亜衣さんは銭湯好きで近所の銭湯はもちろん、出先でちょっと時間ができたときに湯につかるのも大好きだった。だから道を歩いていても銭湯はよく目に入る。

友人の結婚祝いに何を贈るかを相談するため、共通の友人の家を訪ねた帰りのことだった。亜衣さんは坂の多い住宅地に高くそびえる煙突を見つけた。あれはと思って近づいていくと案の定、銭湯だった。

何度も来たことのある町なのに今まで気づかなかったな、と思いながら建物の前に立ったが入口が見当たらない。周囲をうろうろするも、建物の正面がわからないのだ。もしかして潰れた銭湯の煙突が残っているだけなのか。そうがっかりしかけたとき、細い路地を見つけて進むと建物の裏に回ることができ、そこに玄関があった。Kの湯という看板が出ている。

外観の印象と違って、中は意外にも混んでいた。みんな近所の人たちなのか、さまざまな年齢の女たちが体や頭を洗い、湯につかっている。亜衣さんが湯船の隅のほうにいると、新しく入ってきた若い女が近くで湯に体を沈めた。

亜衣さんは何の気なしに横目で見て、そのまま視線が釘付けになった。

その女の鎖骨の窪みのところに、親指ほどの大きさの緑色の芋虫が乗っていたのである。

初めはそういうおもちゃを載せているのかと思ったが、よく見ればまさに芋虫としか言いようのない動きで動いている。女性はまるで気にしていないようで、視線を落とすことすらしなかった。

やがてその芋虫は少しずつ前進して、女性の左肩の先にたどりついた。たった今湯船につかり始めた太ったおばさんの背中がそこへ接近すると、ちょうど若い女の肩と触れた瞬間に芋虫はおばさんの肌に移動してしまった。

だがおばさんもまた広い背中を横断してゆく芋虫に知らん顔を通し、芋虫のほうは今度は湯の中を移動してきた中学生くらいの女の子の肩に乗り移った。

そうして次から次へと人の肩や背中を乗り換えていく芋虫の動きを、亜衣さんは魅入られたように見つめていた。芋虫に這われている人はみな何の反応も示さないし、他人の肌を這う芋虫があきらかに視界に入っているはずの人も無反応だ。これはどういうことなんだろう、何が起きているんだろうと目が離せない。お蔭でひどくのぼせてしまったが、周囲はいつのまにか通勤電車のように混雑していて、容易には上がれそうにない。

芋虫はお婆さんの頭の上をしばらくさまよった後で、今では外国人らしいお姉さんの豊かな胸元を這いまわっている。そのお姉さんが押されるようにして亜衣さんの目の前にやってきて、お姉さんの肩が亜衣さんの肩にぴったりと押しつけられた。するとと芋虫は何かを決意したようにお姉さんの肩に上り、そのまままっすぐこちらへ向かって這い進んでくる。

ここで初めて恐怖をおぼえた亜衣さんは、あわてて湯船を出ようとしたが今やぎっしりと詰まった裸の女たちに阻《はば》まれて身動きが取れなかった。それでも無理やり隙間をこじ開けるように進み、時には大声を上げたり他人の肌に爪を立ててしまったかもしれない。とにかく無我夢中で肉塊《にくかい》をかき分けて進みようやく湯船の縁に出た。

湯から上がるとき振り返ると、ほとんど水面が見えないほどぎっしり詰まった女たちが全員無言で亜衣さんを威嚇《いかく》する犬のような表情で睨みつけていた。

居たたまれず小走りに脱衣所に向かったが、あんなに混雑した湯船とは対照的に洗い場はガラガラで、人っ子ひとり見当たらなかったそうだ。


この銭湯へ行ってからというもの亜衣さんはずっと体調不良に悩まされている。いつも体が怠くて眠りが浅いし、時々熱を出すこともあるそうだ。

病院の検査ではこれといった異常はないと言われるが、それで体調が改善するわけでもない。熱のあるときは妙に肩が重いかと思うと、それが首、腰と移動していくようにも感じるらしい。

まるで何かが自分の体の中を這いまわっているように思えて、いい感じはしない。

というのも亜衣さんには気になっていることがあって、あの日最後に湯船を振り返ったとき、どの女の裸の肌の上にも芋虫が見当たらなかったそうだ。

もちろん死角に入っていたのかもしれないし、たまたま目に入らなかっただけかもしれない。そうだったらいいなあと、気休めに続けている高価な健康茶を飲みながら亜衣さんは思っているとのことである。

西瓜

つい一週間くらい前に上司が死んだんですよ。

それで職場はすごくバタバタしてて今日もこれからまた会社にもどるんだけど、それはどうでもいいんです。


上司が死ぬ前の日に幽霊が出たんですよね。

いいえ違います、上司本人の幽霊です。

まだ言ってなかったですね、その上司は事故で死んだんです。

仕事帰りに赤信号で立ち止まってたら居眠り運転のトラックに突っ込まれて、即死だったそうですよ。

でも幽霊が出たのはその前日。だから当然上司は生きてたし、それどころか現場に本人も居合わせたんですから。

残業でぼくとその上司と、あと二人残っててフロアの半分の照明は落としてました。

その暗い側にあるドアがすっと開いた気がして、見たら閉じてたんです。

だから気のせいかと思って仕事を続けてたら、背後から「ひゃっ」ていう悲鳴が聞こえて。

見ると上司が席から立ち上がって、真っ青な顔で唇を震わせていました。

どうしたんですか、と言い終わらないうちに私も悲鳴を上げてたんですよ。


上司の机の下から誰かが立ち上がろうとしてたんです。

まず禿げた頭がちらっと見えて、その頭の一部が西瓜《すいか》割りの西瓜みたいになってました。

そこから血がだらだらと流れ出てるのが見えたんです。


その点を覗けば、それは確かに上司でした。

フロアにいた全員が同意してますよ、あれは確かに上司だったって。

禿げた頭も尖った耳も大きな口も上司そのものなんです。

だけど本物の上司は、それと見つめあって唇を震わせてるんですよ。すごく長く感じましたが実際は数秒といったところでしょう。耐えきれなくなったように上司が叫んだんですね。

「なんなんだおまえは！」

するとと、幽霊は消えてしまいました。


その次の日でした、帰り道で上司が事故に遭ったのは。いつもは自動車通勤なのに、前日のあれがあったもんだからその日は電車だったんですよ。

それが仇になったというか、運命だったのかもしれませんなあ。自宅まであと五分という交差点でのことだったそうです。


今のところ、死んだ上司の幽霊は誰も見ていないみたいです。これからも見ないんじゃないかな、という気は何となくしてるんですけどね。つまりその、あれで終わりなんじゃないかって。

あれが本当に幽霊と呼べるものなら、の話ではありますが。

棺の中で目を閉じてる上司は大量の花に覆われてて、禿げ頭がすっかり隠れていました。

もちろん、あの〈西瓜割りの西瓜〉を隠すためだったんでしょうね。

三毛猫

柳川さんがポスティングのバイトをしていたときのこと。

彼の担当地域には迷路のようになった路地があり、初めの頃はよく道がわからなくて同じ場所をぐるぐる回ってしまったものだった。

次第にその〈迷路〉を攻略するコツをおぼえたのだが、それは路地を歩いているときにどこからか赤い首輪をした三毛猫が現れて前を歩いているので、その猫の後をついていくと不思議とスムースに抜けられるのである。

アパートの全戸を回ったりしている間も、猫は道の端に座って待っていてくれたものだった。

いったいどういうつもりなのか猫の意図はわからないが、あきらかに彼を先導してくれているとしか思えなかった。

かといってじゃれついて甘えたり、餌をねだってくるのでもない。ただ淡々と前を歩いて、最後に大きな通りへ出たところでどこかに行ってしまうのである。

あるとき、ポスティング中の柳川さんがその区域にさしかかると、いつものタイミングで三毛猫が現れなかった。どうしたのかなと思いつつ先を進むと、道の真ん中の不自然な位置に三毛猫が横たわっている。

赤い首輪をしているのが見えた。あわてて近づいてみたらどうやら車に轢かれたらしく猫は体の半分くらいが平たくなって路面に貼りついていた。

ショックを受けた柳川さんは、その場にしばし立ち止まってその親切な三毛猫の冥福を祈ったという。

何度も猫の先導を受けたおかげで今では道に迷うこともなく、一人でこの迷路のような路地を一軒残らずチラシを配って通り抜けることができる。

お前のおかげだよ、ありがとう、と柳川さんは小さく口に出して言った。

すると三毛猫の体がもぞもぞと動き出し、まるで空気を入れたように膨らむと四本の脚で立ち上がった。

そして何事もなかったように路地を先導して歩き始めた。
柳川さんはその後をついていくことができなかった。
この日のうちに会社に申し出て、担当エリアを変えてもらったそうだ。

人の道

会社員の田谷さんは昔池のほとりを歩いていたら誰かに呼び止められような気がしたという。

周囲を見ると、池の真ん中あたりに胸のあたりまで水面に隠れたスーツ姿の男がいてこっちを見ていたらしい。

水に落っこちちゃった人だと思って、田谷さんはあわてて近くに来てみたけれどどうも様子が違う。男はまったく慌てた様子がなく髪形もぴっちり決まっていて、こちらに助けを求めてるふうでもなかった。

これはちょっとおかしい人なのかな、それともどこかで隠しカメラがあってドッキリの撮影かなと思って警戒した田谷さんはそれでも一応、

「大丈夫ですか」

「助けを呼びましょうか」

そう声をかけたらしい。

でも男からは何も反応がなく、無表情にこちらを見るとでもなく見ている感じで、その顔は人間そっくりの蝋《ろう》人形を見たときのような気味悪さがあったそうだ。

田谷さんはこれは関わるのはやめておこうと思って池から離れた。

立ち去ろうとするとまた誰かに背後から呼び止められたという。

いったいなんなんだよと思いつつ一応振り返ったら、

「こっちだよこっち」

そう全然違う方向から声がしたらしい。

きょろきょろと視線をさまよわせた田谷さんはようやく近くの松の木の枝に人影を見つけた。

それはたしかに太めの枝に腰かけた人のようなかたちに見えるのだが、質感が枝と同じで顔も何もない。木の瘤《こぶ》が偶然人のかたちをしているだけのように田谷さんには思えたという。

その〈木の瘤〉が話しかけてきた。

「溺れてる人がいるだろう？　助けなくていいのか」

変声期前の子供のようなその声に促されて池を見ると、さっきの男が同じ場所に微動だにせず立ったままでいる。

とても溺れている人のようには見えないが、〈木の瘤〉の言葉はなぜか田谷さんにはとても説得力があるように聞こえたらしい。

「助け助けられるのが人の道、どうした、人の道を忘れたのか」

声がそう畳みかけると、田谷さんは「仰る通りです」という気持ちになってずぶずぶと池に入り込んでいった。

ところが池には思わぬ深さがあって、こちらを虚《うつ》ろな目で見ている男のまだずっと手前なのにすでに足がつかなくて田谷さんは溺れかけていた。

あの男はどうしてあんなに平然と立っていられるのだろう？

水を飲んで必死に手足をばたつかせながら田谷さんがそう思うと、男の頭がすっと水中に引っ込むのが見えた。

その瞬間、まるで電灯のスイッチを切ったようにまわりが真っ暗になり、水面に大きな光の輪のようなものが見えた。

それが池に映った月だと気づいたとき、混乱して手足が止まった田谷さんはまたたっぷり水を飲んで方向がわからなくなってしまった。

たまたまパトロールで通りかかった警官が池に飛び込んで陸に引き上げてくれたおかげで、田谷さんは一命を取りとめたのである。

地面に横たえられた田谷さんは警官に向かって真っ先に、

「今何時ですか⁉」

そう訊ねたという。

夜の十一時だった。

田谷さんが池のほとりを通りかかってから、たっぷり十二時間は経っていたのだ。

万引き

会社経営者のE氏は以前地方紙の記者をしていた。

取り壊し直前のある建物に取材のため足を運んだときのことである。

そこは上が集合住宅で下に商業施設の入っているビルだったが、すでに住民は退去して店舗もほとんど空っぽになっている中、いまだ営業を続けている書店があった。

とはいえほとんどシャッターを開けているだけの状態で、店頭に雑誌の最新号をまばらに並べたその店に客は一人も来なかった。

そこの店主の老爺に話を聞いていると、背後の通路を誰かがぱたぱたと駆け抜けていく音が聞こえたという。

見ると、小さな体に妙に大きな運動靴を履いた子供が、通路の先のほうに遠ざかりつつあった。

ちょうど店主が店を始めた頃のエピソードとして「毎日のように漫画を万引きにく

る子供がいたが、あまりに手口が見事で現場を全然押さえられなかった」という話をしていたときだった。その子供の特徴が「サイズの合わない運動靴を履いた男の子」だったのである。

「その子は歩くたびに靴がぱたぱた大きな音を立てるんで、店に来たのも出ていったのもすぐわかるの。だけどタイミングが絶妙というかね、お客の対応やらで忙しない隙にやられるんだ。まあ、その子だっていう決定的な証拠はないんだよ、状況証拠だけ。大きな靴でよたよた走っていくのに絶対追いつけないしね、じつに神出鬼没なんだ」

ぱたぱたぱたぱたぱたぱた。

またE氏の背後で足音がした。

さっきの男の子が、今度は通路の反対側の立入禁止のロープの向こうに遠ざかりつつあるのが見えたという。

E氏はにわかに胸が苦しくなるような緊張をおぼえ、店主の顔を窺ったけれど、銀縁の眼鏡を掛けた老人は表情を変えずに話を続けている。

Ｅ氏は店主の話を遮《さえぎ》るようにこう訊ねた。

「今でも、その男の子みたいな子供がこの辺駆け回ってたりしますかね？」

「いやあとんと見ないねえ。子供どころか、今日は朝から猫の子一匹見てないよ」

店主がそう言って笑った。

建物を出るとき、Ｅ氏はまた通路をぱたぱたという足音が通り過ぎるのを聞いた。だがそのときには誰の姿も見えず、ただ足音だけが彼を追い抜いていったそうである。

夜と白菜

「中学の頃塾で遅く帰ってくるといつも、とある家の前の階段に腰かけて携帯で話してる男がいたんですよ。暗い中でもシルエットとか喋り方にヤンキーっぽさが滲み出てたから近づかないよう道の反対側歩くようにしてたんです。だいたい学校とかでもおれ、ヤンキーは天敵だったんで」

「だけどある晩ぼーっと考え事して歩いてたらいつのまにかその家の前に来てて。うっかりその男のすぐ近くを通ったんです。ぼんやりしてたから一瞬凝視しちゃったりして、まずいってすぐ目をそらしたんですけど。だけどそのとき男が携帯電話持ってないのに気づいたんですよね。当時ヘッドセットで通話してる人とか見たことなかったし、どういうことだ？　独り言かよ？　って思って我慢できなくて振り返って見たんです」

「そしたらやっぱり男のまわりに人はいないんですけど、ちょうどそこにバイクが通りかかって一瞬道を挟んだ畑になってる場所を照らしたんですよ。葉っぱの巻いた収穫前の白菜がずらっと並んでて。そしたら男のちょうど真向いあたりの一個の白菜に人の顔みたいのが浮かんでたんです。横顔がじっと男のほうを見てて、男はずっとその白菜に向かってしゃべってたんですよ」

……という話を、横須賀で飲み屋を経営している大祐さんは以前客から聞いたことがあった。

その晩きりの客だったので人柄もわからないし信憑性も不明なまま、何か変な話だったなと覚えていたところ、最近になって以下のような話を近所の店で自分が客になっているときに聞いた。

その男性は単身赴任で横須賀に来ているが北関東のE町の人で、自宅周辺は半分くらいの土地が畑なのだが夜中に不審者がうろついているという話をよく聞くという。

夜出歩くような人はいない地域なので、野菜泥棒かと警戒するもそれらしい被害も見られず、住居に侵入されるなどの被害もなかったが、最近になって不審者の目撃証言として「頭に白菜を載せて歩いてるように見えた」とか「頭が白菜そっくりだった」といった声が聞こえてくるようになったらしい。

これらはたぶん同じものを夜分、車や家の窓から目撃したことによる食い違いなのだろう。とにかくキーワードは「白菜」だから、やっぱり野菜泥棒かという話になったものの、農家から被害届などは出ていないようだ。

ただちょっと気になる噂はあった。夜のうちに根っこから掘り出されたらしい白菜が、朝見ると路上にごろんと転がっていることが頻繁にあるのだという。

ただのいたずらにも見えるが、「夜の間に白菜が何らかの原因で〈白菜人間〉に変化して歩きまわり、朝になると元の白菜にもどってしまって道に転がっている」のだというもっぱらの評判になっているとのこと。

地元の農家はこの件について多くを語りたがらないらしいので、もしかしたらこの現象について何か重要なことを知っているか、または裏では積極的に加担しているのかもしれない。

このような話を、その中年の客は面白おかしく身振りをつけて語っていたそうだ。

他の客や店員は酔っ払いの与太話として楽しんでいたようだが、大祐さんはこれと以前自分の店で聞いた話の二つの〈与太話〉が重なることで俄然、真実味を帯びてきたことに対し、ひそかに鳥肌を立てていた。

というのもかつて自分の店に来た一見客が語った話の舞台は、この単身赴任者の自宅があるのと同じ北関東のE町だったのである。

以後大祐さんは自分の店に初めて来た客には必ず出身地を訊ねるようにしているそうだが、今のところ二人目のE町出身者には会っていないという。

旅館

二十数年前のある日、宗泰さんは女友達の誕生パーティーで悪乗りして暴言を吐き、主役の女性を怒らせてしまった。追い出されるように店を出て夜の町をふらふらしていたら、ちょっとした旅館街のようなところにたどり着いた。

こんな場所があるんだなと思いながら小さな商人宿がちらほら建っている道を歩いていると、どこか旅先の知らない町にいるような気分になってくる。

なんとなくこのまま家に帰るのは嫌だったが、飲みたい気分とも違ったのでその晩はどこか適当な宿に泊まっていくことにしたという。

宗泰さんが呂律の回らないほど酔っているせいか、それとも本当に満室だったのか何軒かで断られた後、ようやく泊まれることになったところはいかにもこじんまりして生活感のある宿屋だった。

玄関を入ると正面に帳場があり、右手の廊下の広くなっているところに古ぼけたソファとテーブルと公衆電話が置いてあった。

宗泰さんは風呂に入った後でそこのソファに座り、しばらく涼んでいたらふとさっきまでいた店に電話を掛けようという気分になったそうだ。

時間的にパーティーがまだ続いているかは微妙なところだが、もし電話が繋がったら怒らせてしまった彼女を電話口に呼び出してもらい、心から謝ろう。

そう思った宗泰さんは、さっそく電話の前に立つと台の下から電話帳を取り出してめくり、記憶にある店の名前をさがし出した。

それはカードの使えないピンク電話だったので、財布から小銭をかき集めて脇に重ね置いてから受話器を取った。


硬貨を投入してダイヤルを回すと呼び出し音が続き、回線が繋がった。

「もしもし？　すみません今日そちら貸切だと思うんですけど、お客さんで○○さんという人を出していただけますか」

宗泰さんは一気にそう言ったが、電話の向こうからは返答がうんともすんともなかった。

留守電なのかな？　と思って耳を澄ませたら、ざわざわという人の話し声やゆったりしたジャズピアノのＢＧＭなどが聞こえてきた。どうやらパーティーは続いているようだが、電話を取った人がそのまま受話器を置いてしまったのかもしれない。おおかた店の人ではなく、酔っ払った誰かの仕業だろう。

そう思った宗泰さんは、誰か近くにいる人が気づかないかと受話器に向かって大声で叫んだ。

「おーい、誰か出てくれよー、聞こえるかー、聞こえろよー」

しばらくそうやって声を上げてから、

(しまった、おれ旅館にいるんだった。こんな夜遅くに怒られちゃうな)

ようやくそう思い至って宗泰さんは声を潜め、もしもし、もしもしと言いながらふと横を見ると誰かが廊下に立っている足元が見えたという。

スリッパを履いている足だったので従業員ではなく宿泊客だろう。おれがうるさかったから文句を言いに来たのかな。

そう心配になってちらちらと横目で窺うが、ソファに座って高低差があるせいか宗泰さんと同じ浴衣の柄が見えるだけで、顔までは視界に入らない。どうやら何か文句を言ってくる様子はないようだが、宗泰さんの向かいのソファが空いているのに腰掛けるでもなくただそこにいるのが不可解だった。

そのとき、

『あぶないよぉ』

電話の向こうからぼそりと声が聞こえた気がしたという。

「もしもし、誰か出た？　〇〇さんに替わってもらえますか？」

そう言って宗泰さんは耳を澄ませたが、ざわざわとした話し声やグラスの当たる音のようなものが聞こえるだけで返事はなかった。

あきらめて電話を切ろうかと思いかけたとき、また電話の向こうから声がした。

『んふー、あぶないよぉ』

ため息だけで話しているようなかすかな声だ。

「なんですか、誰が電話に出てるんです？　ふざけないでくれる？」

いらついて語気を強める宗泰さんの視界が急に何かに塞がれた。

見れば浴衣の人が横から身を乗り出すようにして宗泰さんの顔を覗き込んでいたのだ。

その顔は鬼の面のように歪んでいて赤黒く、吊り上がった両目に何も感情がなかった。

おまけに口が耳元まで裂けているように見えたという。


宗泰さんは声にならない声を上げてソファから転がり落ちて廊下を這って逃げた。

自分の部屋の襖《ふすま》の前にたどり着いたところまでは覚えているという。

気がつくと朝になっていて、宗泰さんは布団にも入らず部屋の畳にうつ伏せに横たわっていた。

旅館を逃げ出そうと思ったのか浴衣は脱ぎ捨てていて、シャツのボタンもまともに留めていない状態だったがすでに自分の服に着替えかけていた。

襖を開けて廊下を窺うと、公衆電話の横にはゆうべ宗泰さんが積んだ硬貨がそのままの状態で残っていたそうだ。

後日パーティーの主役の女性と和解して、宗泰さんは店を追い出されてからのことを話した。

するとと宗泰さんが旅館から電話をした時間にはもうパーティーはお開きになっていて、女性の古い友人である店主や従業員たちも片づけ後回しで一緒に二次会の店に来ていた。だからあの店には完全に誰もいなかったはずだという話であった。

宗泰さんが恐ろしい体験の一部始終を語ると、女性は聞き終えてからこう言った。

「なんか最近あの界隈の旅館で客が首吊ったっていう噂聞いたよ、もしかして関係あるんじゃないの」

数週間前に自殺した客の身元がいまだわからないままらしいという話が、その辺りが地元でもある彼女の耳に友達を通して入ってきているという話だった。

ただし詳細は不明だし、首吊りのあった場所が宗泰さんの泊まった宿だったのかは、彼の記憶が曖昧なこともあってわからなかったようだ。

気になって昼間もう一度その通りを歩いてみたところ、宗泰さんは記憶とぴったり合致する旅館をどうしても見つけられなかったからである。

あした

千葉県で農業を営む早百合さんは小二のときに父親を亡くし、それからは母親の実家で祖母と母、妹と女ばかり四人で暮らしていた。

ある年の夏に祖母が倒れて入院し、もともと仕事で忙しい母は加えて祖母の世話と心労で見るからにやつれてしまった。

だから楽しみにしていた恒例の夏の旅行も、今年は中止だなと早百合さんはあきらめていたという。

ところが母親は予定通り隣県にあるなじみの温泉ホテルへ行くと言っている。おばあちゃんが退院してからでいいよ、と早百合さんが気を遣っても「大丈夫、おばあちゃんのことは人に頼んでおいたから」とその日娘二人を乗せて、車で朝早く出発したそうだ。

途中で渋滞につかまり、のろのろと進む車内で早百合さんと妹は持ってきたカセットテープを交互にカーステレオに掛けてもらった。

妹の持ち込んだテープからアイドルの歌が流れていたとき、スピーカーからザザザッとノイズのようなものが聞こえてきた。

しばらくするとまた同じようにザザザッという音が入る。何度もそれが続くので、耳障りだからと早百合さんの持ってきたロックバンドのテープに交換した。

ところがこちらもやはり同じような間隔でザザザッという音が入るのだ。

テープじゃなくて機械のほうが壊れてるんじゃないの？　などと話していると妹が突然素っ頓狂な声で、

「あしたって言ってる！」

そう叫んだという。

言われてみるとたしかにそのノイズは、電波状態の悪いラジオのような声で「あした」と言っているようにも聞こえたのだ。

ザザザッ。

あした。

早百合さんたちは何度か聞いてそれを確かめた後、気味が悪くなったのでテープを聞くのはやめてしまった。

ホテルの大浴場で温泉に浸かり、毎年楽しみにしている豪華な食事を終えた後で早百合さんたちは部屋に寝そべってテレビを眺めていた。

母親は日頃の疲れが出たのか、座椅子に座ったままうとうとしている。

そのとき入口の襖のむこうから女の人の声が聞こえた。

「あした」

早百合さんは驚いて思わず立ち上がり、妹も目を丸くして早百合さんのほうを見ていた。

母親はうなだれて目を閉じたままで気が付いていないようだ。

きっと仲居さんが来て声を掛けたのだろう、別の言葉がそう聞こえただけだと早百合さんは思った。

そして襖に駆け寄ると一気に開いたが、外には誰もいなかった。

母親を揺り起こしてたった今あったことを伝えると、笑い飛ばすでもなく真面目な

顔で聞いていた母親はぽつりと、

「おばあちゃんのところに電話してみようか」

そうつぶやいたという。

そして部屋の電話からどこかに掛けていたが、やがて受話器を置いて何も言わずにお茶を淹れて飲み始めた。

「病院に掛けたの？　おばあちゃんと話した？」

早百合さんが質問をすると母親はそうだとも違うとも言わなかった。

「明日早めに帰ったほうがいいんじゃない？」

心配になって彼女が畳み掛けると母親は、

「明日はいっぱい回るところあるでしょう？　早百合も真百合も宿題の作文たっぷり書けるように、いろんなところ見せてあげるからね」

そう優しく言って微笑《ほほえ》んだ。

翌日は日中いっぱい観光を続けて、夕方になってようやく一家は帰路についた。

観光中も母親は時々公衆電話からどこかに掛けているようだったが、どこに掛けたの？　とかおばあちゃんと話したの？　と娘たちに訊かれても曖昧に微笑むだけで答えなかった。

帰り道は渋滞もなく思いのほか早く地元の町まで帰ってくることができたという。

だが車は家には向かわず、なぜか祖母の入院している病院の駐車場に停められた。

「せっかくだからおばあちゃんにも会っていこうね」

そう言って車を降りた母親は有無を言わさぬ態度で前を歩いていく。

見舞いにいくのは賛成だったが、もう指定の面会時間は過ぎているし、何かいつもの母親の行動と違う気がして早百合さんはとまどっていた。

病棟につくとナースステーションが何やら騒然としていて、看護師の一人が早百合さんたちを見つけると「あっ」と声を上げて駆け寄ってきた。

それからいったん息を呑み込むようにして声を低くし、こう言った。

「××さん、つい先ほどお母さまが……」

早百合さんの祖母はその日の午前中のうちに様態が急変しており、彼女たちが到着する数分前に息を引き取っていたのである。

ベッドの上で祖母の顔は、苦痛をとどめたような左右非対称なかたちに歪んでいた。その凄惨な死に顔を見下ろしながら、娘である母親は何かを確かめるように何度も何度もうなずいていたという。

「それを見て、母は祖母が今日死ぬことを知ってたんだって確信したんです。予知してたっていう意味じゃなくて、もっと何かこう、積極的に……祖母の死に関わってるんじゃないかって。べつに母が祖母を憎んでるとか疎《うと》んでるって思ったことは一度もなくて、祖母が倒れてから本当によく世話してたと思うんですよ。だから理由なんてわからないんだけど、ただの勘だけど、でもそうとしか思えなくなっちゃって」

「思えば旅行に出る前に母が言った『おばあちゃんのことは人に頼んでおいたから』っていうのも意味深だなって、後から思いました。世話を頼んだっていう意味に取ってたけど、そうとはかぎらないんですよね。いったい母は何を頼んだのか……第一、結局誰に『頼んでおいた』のかさえよくわからないままなんですよ。病院にはその日、私たちが着くまで祖母のそばには誰も来ていなかったみたいですし、看護師さんたちは祖母が危篤なのに関係者に全然連絡がつかなくて困っていたそうなんです」

これらの疑問を早百合さんは母親本人に直接確かめることをためらい続けたまま、その母親は八年前にすでに亡くなっている。

長年にわたる患いの末だったが、祖母とは違ってとても安らかな死に顔だったという。

生死

信悟さんはコンビニ店員だったとき店の二階がアパートになっていて、そこの住人のおじいさんが毎日のように来店しては鮭のおにぎりとペットボトルのお茶を買っていったそうです。

そのうちおじいさんは来店してもなぜか何も買わず手ぶらで帰るようになり、いつ来ていつ帰ったのかもわからないくらい存在感が薄れてしまったらしいんですが、それでも三日に一度は姿を見かけたというんです。

その頻度がさらに一週間に一度、十日に一度と下がっていった頃に、おじいさんはアパートの自宅浴室で孤独死しているのを訪ねてきた妹さんに発見されたそうです。ところがそのときおじいさんの遺体は腐敗がかなり進んですでに死後一ヶ月半は経っていたらしい。

信悟さんが店で目撃した時期とそれだと計算が合わないわけです。遺体発見の一週間前にも店の前を行ったり来たりする姿をたしかに見ているので。

「考えたら最後のほうは爺さんどうやら店に入ってこれなくなったみたいで、自動ドアのガラス越しに困ったような顔してじっと中を覗いてるのを何度か見た覚えがある。でもどこまでが生きてる爺さんで、どこから死んでたのかなんて本当のところはわかんないよね、だって何も買わずに店内うろうろしてたのも幽霊だからとは限らないでしょ？　認知症が出始めて徘徊してただけかもしれないし、最後に見たときも見た目にこれといって変化なかったからね」

　だから幽霊と生きてる人間なんて実際たいして違うもんじゃないと思うよ、とは信悟さんの弁。

ナンパした女の子

ライターの京次さんの話。

以前京次さんがナンパした女の子をなじみのバーに連れていって飲んでいると、カウンターの端からずっとこっちを見ている男がいるのに気づいたという。

ブランド服で固めた感じの四十前後の男で京次さんは見覚えがない。なのでマスターに小声でその男のことを訊ねたけれど、初めての客で全然知らないという返答だった。

だからもしかしてナンパしてきた女の子のことを見ているのかもと思い、

「なんかこっち見てる男の客いるでしょ？　べつに知り合いとかじゃないよね？」

そう女の子に訊いてみたらその子は目が悪いのか眉間にしわを寄せてじっと見ていたが、首を横に振ったのでもう京次さんは男のことは無視することにして女の子との会話に専念した。帰るときにちらっと見ると男はいつのまにかいなくなっていたらしい。

それから店を出てホテルへ行き、することをした後ベッドに横たわったまま少し女の子と話しながらうとうと眠りかけていたとき、京次さんは急に肩を揺すられた。

目を開けると女の子が暗い表情で見下ろしていたという。

「ごめんね」

そう言ったので起こしたことを謝っているのかと思ったけど、そのまま彼女が黙っているので京次さんが「なんのことなの？」と訊ねたところ、

「さっき嘘ついちゃった」

彼女はぽつりと言って目をそらし、その視線をバスルームのほうへ向けた。つられて京次さんもそちらを見ると、半開きになっているドアの陰から無表情な男の顔が覗いていたという。

驚きのあまり身も心も固まってしまった京次さんは、男の顔がすーっとドアの向こうに隠れるのを見てから、ようやくそれがバーでずっとこっちを見ていた男だと気づいたらしい。

一体どういうことだ？　美人局《つつもたせ》か？　と京次さんは混乱しつつ男の外見がやくざに

は見えなかったせいもあり強気になって「おい！　どういうことだてめえ！」と怒鳴りながら近づいてドアを全開にした。

ところが浴室には誰もおらず、逃げられるような窓もついていなかったので、呆然としてその場に突っ立っている京次さんの横にいつのまにか女の子が寄り添っていた。

「ごめんね、ダンナなの」

そうつぶやいて彼女は京次さんの肩に手を乗せたという。


さっきの男は女の子が十代のとき結婚していた元夫で、二十歳近く年上だったが束縛がひどく友達に会うにも事前にいちいち夫の許可を得なければいけないし、夫以外の男と会うことは原則禁止。仕事関係者や血縁者などどうしても必要な場合は、相手の顔写真付きで夫に〈異性面会申請書〉を提出しなければならなかった。

そうした夫の作った独自ルールを破ると彼女は執拗に責められ暴力も振るわれ、ちょっとでも口答えすると顔がわからなくなるほどボコボコに殴られたそうだ。

その夫が去年、病によって突然死してからは幽霊になって彼女を監視しているようだった。彼女自身にはぼんやりとしか見えないのだが話に聞くと外見の特徴からどうやら夫らしいとわかる。

でも今は姿を見せるだけでそれ以上何もできないらしく、ただ彼女の周囲の親しい人、とくにつき合う男がそれを目撃して気味悪がったり怯えたりして逃げるという実害があってその点は困っているということだった。

「でも生きてるときと較べたらはるかにマシ。もう天国と地獄くらい違う」

女の子はそう言って一瞬とても幸せそうな顔になって笑ったという。


京次さんは実際に男が消えるのを目の当たりにしていたし、女の子の話を信じざるをえなかった。

ただささっきは女の子と無関係なバーのマスターもあの男の姿が見えてしかも客だと認識していたはずだ。ということはいきなり店に現れたわけではなく、ちゃんと入口から入ってきて席につき酒を注文したはずなのだ。

ということはやっぱり男は生身の人間で、自分はこの女に何か騙されているのでは？　という気持ちも拭いきれなかった京次さんは翌日またバーを訪れると、マスターに「ゆうべの男のことなんだけど」と話しかけたという。

だがマスターが何の話かわからないという顔をしたので、

「昨日おれが女の子口説いてるとき、ずっとこっち見てる男のことマスターに訊いたじゃない？　あの男ってちゃんと何かしら酒飲んで金払って帰ったわけだよね」

そう京次さんが続けるとマスターはあきれたような顔を見せた。

「何言ってんの京次さん、もう酔ってるわけ？　うち来るのかれこれもう二、三か月ぶりくらいじゃない、久しぶりに来たと思ったらいきなりどこかよその店と混同して話してるでしょ」

それってベッドで奥さんを浮気相手の名前で呼んじゃうようなものだよほんと。いや違うか、うちが愛人かもしれないもんねえとマスターは言って自分の冗談に笑い声を上げていた。

いやたしかにおれはゆうべここに来たんだよ、という言葉を京次さんはぐっと呑み込んだ。

マスターを含めてゆうべ来た店内と何もかも同じだったが一つだけ違いを見つけたからだ。

カウンターがあきらかに昨日より短くなっている。具体的には向こう端の席が一つ減っているようだ。つまりじっとこちらを見ていた男が座っていたはずの空間がカウンターごと壁に埋もれたように消滅していたのである。

女の子の連絡先は携帯に残っていたが、もう連絡を取る気にはなれなかったそうだ。

煙草

保坂さんのところの長男は今二十代で東京に住んでいて、実家には正月くらいしか現れない。つまり年に一度しか顔を見ることがないのだが、前回会ったときはこれが自分の息子か？　と思うほど激痩せしていたので保坂さんは自分の腹をさすりながら「パパの肉分けてやろうか」と言ったが、長男は笑わずに、

「なんか最近うちのレイが本気出し始めた感じでいろいろとやばいことになってる。もうすぐ引っ越すかも」

そう答えた。

レイ？　と保坂さんが首をかしげたらそれは霊のことだった。

保坂さんは初耳だったが息子は去年から幽霊の出るアパートに住んでいるそうで、妻は知っていたけれど馬鹿馬鹿しいと思って取り合わず忘れていたとのこと。

「出るのは男の幽霊なんだけどすごく痩せてて骨と皮みたいな感じで、最近鏡見ると

自分がそっくりになってるんだよなあ」

その幽霊に。と言って長男は自分の頬骨に手を触れた。

ふと夜中に目覚めると、ランニングシャツにトランクス姿のがりがりの男がゆら、ゆらという動きで部屋の中を歩き回っている。

無視しているとずっと歩き回る気配が続くが、じっと見ているとやがて消えてしまう。

最初はそれだけだったのだが、最近では気がつくと自分がその幽霊のように部屋をゆら、ゆらと歩き回っていることがあるのだという。

「不動産屋にはとくに何も訊いてないけど、まあ古いアパートだし告知義務とかないような昔にいろいろあったんじゃないの。幽霊の穿いてる下着も八十年代頃の映画で見たことあるかな？　っていうデザインだったし。怖くないのかって？　最初はけっこう怖かったけど慣れるもんだし、あと自分が幽霊に似てきてからはどんどん共感できる点も増えてきたっていうか、死んでから部屋を下着姿でうろうろするのもすごく『わかるよ』って感じになってきた。いや説明はできないよ、たぶんおれ、霊に取り憑かれてるんだと思う」

そう言うと息子はどこから取り出したのか煙草を咥えライターで火をつけ、煙をふーっと吐き出した。

「なんだおまえ煙草吸うのか」

保坂さんが煙を手で払いながら顔をしかめると息子は、

「なんかその幽霊がヘビースモーカーだったみたいで」

そう言って天井に向けて煙を吐いた。


とにかく一刻も早く引っ越しなさいと言って、引っ越し費用も保坂さんが負担して長男は部屋を移ったらしい。

そして次の正月に顔を見せたとき、息子は以前の健康的な少し太めの体型にもどっていた。

「やっぱり幽霊が出ない部屋は快適だろ?」

保坂さんが笑ってそう言うと息子はうーんと首をひねった。

「出ないってわけじゃないからな」

驚いた保坂さんがどういうことかと訊ねると、

「まあ今のアパートは新築だけど、過去に遡ればどの土地もいろいろあるわけでしょ？　だからまあしょうがないかなって思って受け入れてんだけど。そんないちいち引っ越してられないし」

夜遅く、玄関に立っている女の幽霊が見えるのだそうだ。

「なんかドアを塞ぐような位置に立っててそこから動かないの。たぶんその場所で死んだとかなんじゃない？　だから外出したいときとか困るけど、うち一階だからそういうときは窓から出入りしてる。なんかね、ぽっちゃりした女の人なんだけど服が現代じゃなくて、和服なんだけどボロいの。朝になるといなくなってる」

やはり最近は鏡を見ると自分がその幽霊に似てきたように感じるのだという。

保坂さんは非常に驚いたが、今回も妻はすでに知っていたようで前の部屋のときと同様、馬鹿馬鹿しいと思って聞き流して忘れていたらしい。

また引っ越すようにと勧める保坂さんに対し息子は「きりがないから」とあっさり断った。

「前の部屋では取り憑かれたって思い込んでたけど、そうじゃなくておれのほうが釣られ過ぎなんだと思う。なんか毎日のように見てると影響されるっていうか、でもそれって主体性なさすぎって自分で思った。今の部屋のやつはたぶん多少引っ張られても命に別状なさそうだし、お金もったいないからこのまま様子見とくよ」

そう言ってどこからか取り出した煙草を咥え、ライターで火をつけた。

息子のくゆらす煙草のけむりは、去年よりもだいぶきつい洋モクの匂いがしたそうだ。

死んでるんでしょ？

山形くんが浪人生だった頃の話。

その日は模試の出来があきらかに駄目駄目だったんで、もう判定とか待つまでもなく第一志望変更は決定だなと思って気分がどんよりしてたんですよ。

それで何かスカッとする映画とＡＶでも借りてこうと思って、帰りにレンタルビデオ屋に入ったんです。

中にいたのは十分くらいかな？　レンタル屋の袋片手に外に出たら、店の前の道路に白い中型犬がどてっと横たわってて。

ちょっとの間「なんか変だな？」ぐらいの気持ちでじっと見ちゃって、やっとその犬が死んでることに気づいたんです。

車に撥ねられたんだなと思って。でも店に入るときは絶対いなかったんですよね。

だからおれが中で巨乳コーナーとか物色してる間にこの犬は死んでしまったんだなと思った。

狭い店なんだけどブレーキの音は聞こえなかったし、何かがぶつかるような音もしなかったんですよね。

動物っていうのはずいぶん静かに死んじゃうんだなあと思って、虚しい気持ちになって顔を上げたんです。

そしたら道の反対側にいつの間にか子供が立ってたんですよ。

あんまり子供がこういうの見るのよくないと思って、声かけようと思ってよく見たら子供じゃなかったんです。

お婆さんなんですね、すごく小柄で子供が着るようなパステル色のジャージ穿いてたからわかんなかったんだけど。

そのお婆さんが苦虫を噛み潰したような顔でこっち見てるんですよ。

「それ、死んでるんでしょ?」

犬を指さしてお婆さんがそう言ったんです。

「はっはい、死んでると思うっすよ」

なんて、おれは上ずった声で返事をしたんですけど。

そしたらお婆さんはますます渋い顔になって、

「ほんとお？　ほんとに死んでるのお？　そう思って油断したら生き返ったりしない？」

すごく嫌そうに語尾を上げてそう言ったんですよ。

おれはちょっと困りながら犬を見て、

「やっぱり死んでるみたいです」

そう答えたんです。

するとお婆さんは、

「あたしねえ、死んでる犬も生きてる犬も嫌いなのよお、おーいやだいやだ」

そう言って身をすくめて、震えるようなそぶりしてどこか行っちゃいました。

そんなことおれに言われてもな、と思いながらおれは家に帰ったんです。

それでさっそく適当に借りたAV見ようとしてデッキに入れて、再生が始まったらいきなりノイズがザーッて流れ始めて。

再生不良？　って思って早送りしようと思ったらきれいな画面に直ったんです。

でもそれがどっかの川原の映像なんですよ。

鬱蒼《うっそう》と繁った葦《あし》があってその向こうにさらさらと流れている水が見えて。かなり田舎のほうの川で撮影した感じの映像がそのまま一分くらい流れてたんです。音楽とかはなく現場の音がそのまま録音されてるっぽくて。

イメージ映像的なものにしても長いな、と思って早送りしようとしたらふっと葦の陰から何かが現れたんです。

それが白い犬だったんですね。たぶん雑種の中型犬。

おれはついさっき道路で白い犬が死んでるの見たからぎょっとしたけど、まあいくらでも似たような犬はいるよねと思って。冷静に改めて早送りしようとしたんです。

そしたら今度は人間が葦の陰から飛び出してきたので、今度こそ女優さんかな？と思って見たら妙に小さい。でもロリ系を借りた覚えはないしな、と思って戸惑った一瞬後にはおれ「あーーーー」って大声出して画面指さしてました。

犬と戯れながら川原を駆けっこしていたのは、さっきレンタル屋の前で会ったお婆さんだったんです。

パステル色のジャージ穿いた子供みたいに背の低いお婆さんが、時々犬と目合わせてにこっと笑ったりしながら、ざくざく砂利を踏んで水際を駆けていくんです。

その姿をずっと手持ちのカメラが追っていて。

お婆さんが犬に向かって「ジョン！　ジョン！」ってさっき路上で聞いたダミ声で呼びかけて。

犬がうれしそうに尻尾振りながらワン！　って答えたりして。

カメラマンのものらしいハアハアと息を切らす音もずっと聞こえてましたね。

おれはリモコン持った手を中空に向けて、口あんぐりのまま映像を見続けてたんです。

なんでお婆さんが映ってんの？

これ撮影してるの誰？

ていうか犬と仲良しじゃん、話違うじゃん。

頭の中にそういう言葉が次々と字幕のように流れていきました。

お婆さんと犬の映像は五分くらい続いて突然切れて、後はずっと最後までノイズがザーッて流れてるだけでしたね。

いたずらにしても訳わからなすぎるなと思ったけど、とにかくパッケージ通りのＡ

Vが見れなかったわけだから文句言って返金してもらおうと思って。

翌日レンタルビデオ屋に持っていく直前にふと予感がしたものだから、もう一度デッキに入れて見直してみたんです。

そしたらノイズも何もなく普通のAVが始まって。そのまま最後までノイズも犬もお婆さんも画面には一瞬も現れませんでした。

ただの巨乳系AVだったんですよ。

狐につままれたような気分で見終えて、何か脳が処理しきれない情報抱えちゃった気がして、その日は予備校さぼって一日中ベッドで寝てました。


次の日に返却に行ったら、レンタル屋の前の道路に犬の死骸がそのまま放置されてたんで驚きました。

腐敗が進んでひどい臭いでまわりを蝿が跳び回ってて、カラスか何かに食われた感じで内臓が道に広がってるかなり凄惨な状態。

そんな有り様で店の入り口を塞ぐようにでんと横たわっているんです。客商売でこれ放置はあり得ないだろっていうのと、おととい見た謎の映像のことがやっぱり頭にちらついてそういう意味でも気味が悪くてね。

その死骸をどうにか踏まないように避けて店に入って。

返却カウンターで袋を渡すとき、

「店の前の犬、役所に言えば片づけてもらえますよ」

そう何気なくおれは若い男の店員に向かって話しかけたんです。

そしたらその店員が、

「じゃあお客さんが電話してもらえますか？　電話代もったいないんで」

って言って冗談のつもりなのかへらへら笑ってるんですよ。

なんかすげえ腹が立ったので睨みつけたら、ぷいと横向いちゃって。

「どうせ婆さんの死体で抜きたかったんでしょ？　残念でした。うちは健全な店なんでそういうのないから」

おれが店を出ようとしたとき、捨て台詞みたいに店員が吐き捨てたんですよ。

それ聞いてびっくりして固まってしまって、おれは何も反応できませんでした。

もちろん店にはそれっきり行かなくなったわけです。だから遠くから見ただけなんだけど、犬の死骸はずっと片づけられずに何週間もそこにあったみたいです。
たぶん骨になるまであったんじゃないかな。

転落

登喜子さんの隣人が自分で屋根の修繕をしようとして転落死した。
器用に何でもする人だったようで屋根や庭木など高所の作業は慣れていたそうだが、その日は風が強く時々ぱらぱらと雨も混じっていた。

そのとき登喜子さんは家にいたが、風の音がしていたせいか転落の瞬間には気づかなかった。何か人の声で騒がしいなと思っていたら救急車のサイレンが近づいてきて、何事かと玄関から窺うと隣の家の一人息子がうつろな目で救急車の横に立っていたのだ。

登喜子さんが近づいて声をかけると息子は「親父が屋根から落ちました、まったく動きません」と答えた。それから心ここにあらずの様子で無言のまま何か言いたげに口を動かしている。登喜子さんは心配だったけれど掛ける言葉も見つからない。

やがて家の裏から救急隊員が担架で怪我人を運んできたので、邪魔になってはいけないとその場を離れようとした登喜子さんはそのまま足を止めて我が目を疑った。担架に横たわって目を閉じている人はその家の一人息子だった。父親は蒼白な顔で担架に寄り添っている。そんなはずはない、と思って登喜子さんは今まで話していた男をさがしたがどこにも見当たらなかった。

隣家の息子を搬び入れ、父親も乗り込んだ救急車はほどなく発車して回転灯とともに遠ざかっていった。

父子二人暮らしだったその家には、今も年老いた父が一人で住んでいるという。

電話が鳴った

十二年前に寺田さんが東京で借りたアパートは、ビルの陰にあって日が当たらないせいか部屋はかび臭く、建物の傷みも激しかった。安さだけが取り柄の部屋。

その部屋で彼女といちゃついていたら電話が鳴って、寺田さんの携帯の音じゃないから彼女のかな？　と思ったら彼女も違うと言う。でも固定電話は持ってないし、あきらかに隣とかでなく寺田さんの部屋の中から聞こえていたらしい。

何かのアラームなのかな？　と気になってあちこちひっくり返して探していると音は止んでしまった。なんだったんだろうねと彼女と話していたら、今度は寺田さんの携帯が鳴り出した。すぐに出ると電話の向こうから、

『なんだ、こっちなら出るのか』

そう聞こえてすぐに切れてしまった。

着信記録は残っていなかったそうだ。

おとうさんさようなら

　啓希さんが子供の頃、たしか平日は毎日放送していたローカル局の番組があった。番組内の一コーナーとして、テレビ局の前で男性アナウンサーが集まった一般人にマイクを向けるのだが、その集団の中にいつも同じおじさんが混じっていたという。

　両目が少し離れた感じの額の広い四十代くらいの男性で、紺色のポロシャツを着て腕組みをしている。真冬でもその格好だった記憶があるらしい。毎日いるんだからよほど暇な人だろう、と啓希さんは思っていたそうだ。だがおじさんにマイクが向けられるのを見たことは一度もなく、カメラに向かってピースサインをする他の人々からは一歩引いた位置で事態を眺めているような雰囲気だった。

　同じ頃に啓希さんは近所の書道教室に通っていた。そこは大人の生徒もいる教室だったが、時間帯を分けているので普段顔を合わせることはない。ある日昼寝をしていたら寝過ごして子供の部の時間を過ぎていた。なので休むつもりでいたら母親に「月謝がもったいないから行ってこい」と無理やり送り出され、大人たちと一緒に指導を受けることになったという。

そのとき生徒たちの中に、いつも例の番組で腕組みをしているおじさんがいたのだ。びっくりしてじろじろ見てしまったら、おじさんのほうから話しかけてきた。なぜかおじさんは啓希さんがテレビでいつも自分を見ていたことを知っていて「明日は画面からきみにメッセージを送るから必ず見なさい」と言われたという。

翌日、どきどきしながらテレビの前で待っていると、いつものコーナーが始まった。だが映し出された一般人たちの中になぜかおじさんの姿がない。必死で目を凝らしたけれど見つからず、なんだ騙されたかと失望していたら突然おじさんが画面に飛び込んできた。

長い距離を走ってきたように画面の隅で中腰になって息を整えている。その姿に驚いたのかアナウンサーの人が初めておじさんに関心を示し、マイクを持って近づいていった。

するとおじさんはポケットから折り畳まれた紙を取り出してそれを広げ始めた。

ぼくへのメッセージの原稿を用意してきたのかな？　そう思って興奮した啓希さんが画面に身を乗り出していると、おじさんは広げた紙を自分の顔の前に掲げた。


〈おとうさんさようなら〉


太字のマーカーで書いたような丸っこい字がそう並んでいた。

啓希さんは呆気に取られて無意識に何度も声に出して読んでいたという。

アナウンサーは気が変わったように別の人にマイクを向けている。おじさんは紙を掲げたままやがて画面から見切れてしまい、それきり二度と映らなかった。

そしてなぜか翌日には番組からそのコーナー自体が消滅していて、おじさんがテレビに映ったのは結局それが最後になってしまった。


あの紙はいったいどういう意味なの？　ぼくにメッセージ送るんじゃなかったの？

とまったくチンプンカンプンで腹も立てていた啓希さんは、翌週の書道教室にわざと遅刻していった。

もちろん大人の部に来ているおじさんに会うためである。だがその日はおじさんは休みのようで部屋に姿が見当たらなかった。なので先生に訊いてみたところうまく質問が伝わらず、今日は誰も休んでないとかそんな人は知らないとか腑に落ちない答えが返ってきただけだった。

来週も遅刻していって絶対におじさんを見つけて問いただしてやる。そう思いながら啓希さんが家に帰ると玄関先で母親が待っていた。

お父さんが仕事帰りに事故に遭ってこれから病院へ行くからあなたも来なさい、書道の道具だけ急いで部屋に置いてきなさいと言われた。

ほどなく到着したタクシーで啓希さんは病院に連れていかれた。

すると父親は病室ではないところにいて周囲は騒然としており、啓希さんは泣きながら母親に縋《すが》って「お父さん治るよね？　治るよね？」とくりかえし訊ね、蒼白な顔の母親は無言でうなずいていたという。

だが数時間後には父親はそことはべつの〈病室ではないところ〉へと移された。

啓希さんの父親が巻き込まれた玉突き事故は複数の死者を出し、ローカル局のニュースでも報じられた。

伝えたのは最後までおじさんにマイクを向けなかった、あの男性アナウンサーだったそうだ。

お祓い

優奈さんの話。


兄が不動産屋に勤めてて時々変な話を聞くことがあったんですね。

兄の会社で管理してる、ちょっと古いんだけど○○駅前ですごく立地のいいマンションがあって。その一階の部屋の人が屋上から飛び降り自殺したそうなんです。

四十歳くらいの女の人。たしか服飾関係の仕事してたと思う。

で、落ちた地点がちょうどその人自身の部屋の真ん前だったんだって。

死ぬ前なのになぜか洗濯したらしくて洗濯物がたくさん干してあったから、その人が地面に激突して潰れたときの何かが飛び散って、干してあるシャツとかシーツにたくさん染みになってたっていう話。

その部屋はのちに家賃値下げして出したら、すぐに借り手がついたらしいんですね。

そういうの気にしなそうな若い男の子で前にも事故物件に住んだことあるって言ってたそうです。

だけどその子が半年くらいで出ていくことになったので、その際兄が話を聞いたら「洗濯物が汚れる」っていうことをその子がしきりに言ったそうなんですね。

これには兄も動揺しちゃって。というのも住人が自殺したことや、落ちたのが部屋の前だったことは契約時に説明してるんだけど、そのとき洗濯物が染みだらけになった話はしてなかったらしくて。

でもその子は、軒下に干した洗濯物に理由のわからない染みができるって言ってて。鳥の糞かなとか、道路にも近いし誰かのイタズラかもと思って部屋干しにすることで対処してたそうです。

それは別にいいんだけどただ、もう一つ困ったことがあるって言われたって。

お風呂に入ろうと浴室の電気をつけると、浴槽に下着姿の女性が血まみれで横たわっていることが時々あるんだそうです。

手首と首から血が流れてて、片手にカッターナイフ握った小太りの女の人が虚ろな目で宙を見たままお湯に浮かんでるんだって。

思わず浴室のドアを閉じて、もう一度覗くといなくなってるんだそうです。

だからこの部屋には、飛び降りた前の住人の他にも自殺者がいるんだとわかったって。幽霊が出るとかはともかく、室内で死んでる人がいることは事実なのにそれを隠して契約を結ばされた、ってその子は思い込んで兄の会社に不信感を持ったみたいでした。

でも兄によるとその物件はずっと兄の会社で管理してたから詳しくわかるんだけど、その飛び降りた住人以外は自殺も含めて過去に瑕疵になるようなことは何もないんだって。きれいなもんだったよって言ってました。

でも兄は話を聞いて思い当たることもあったからその子には敷金礼金全額返したって。というのも飛び降りた女性はそれ以前にも自殺未遂で騒ぎになったことがあって、そのときは睡眠薬飲んでから風呂にお湯張って中で首筋と手首を切って横たわってたんだそうです。

でも決行前につきあってた男に「これから死ぬ」って連絡してたから男があわてて部屋に来て、救急車呼んでその女性は一命を取り留めたみたいです。

まあそういう狂言自殺の常連みたいな人だったらしいんですけどね。

その後、男とは別れたみたいで、最後に屋上から飛び降りたときには誰にも連絡せず遺書もなかったみたいなんですけど。

っていうことがあったから、兄は「ああ」って思って黙ってその出ていく子の話を聞いたんだって。

でもそれって失敗したほうの自殺まで再現してるってことですよね？

つまり死ななかったほうの自分まで、わざわざ幽霊にして見せてるわけじゃないですか。

だからちょっと自己アピールし過ぎじゃないの？　って兄は思って呆れたよって言ってたんです。

むかついたからけっこう金かけてすごい能力の人に頼んで本気で何日もかけてお祓いして「幽霊の息の根止めてやったよ、もともと死んでるけどな」って兄は笑ってたんですよね。

それからはもうその部屋を借りる人から苦情もないし、長く住み続けてもらえてるって。

その兄が一昨年の冬に自分の部屋のクローゼットで首を吊って死んでしまったんです。

理由は全然思い当たらなかったし、兄の彼女とか友達もみんな信じられないって言って。兄は結婚も決まって幸せいっぱいで、もうすぐ彼女と住むことになるマンションで夜中に一人、下戸なのになぜかワイン一本空けて泥酔して死んでたんです。ほんとに私も家族も会社の人たちも何も理由が思いつかなくって、仕事もプライベートも順調だったし通院してた形跡もないし、さっぱりわからなくて途方に暮れたんですね。

だから遺書があるはずだって、そこに知りたいこと全部書かれてるはずだってみんな思ったけど、遺品を整理しても何も出てこなかった。それらしいのはチラシの裏にボールペンで書かれたメモ書きみたいなのだけで、それが遺書とは思えないし、結局何もわからないまま今でもみんな兄の死を引きずってるんです。

そのチラシの裏っていうのは、兄が首吊ってた部屋のテーブルの上に一枚ぺらっと置いてあったんですが。

〈おはらいしてごめんなさい〉
って、それだけが書いてあったんですよね。

くちなわ

ある山麓の町に畳一枚にも満たない小さな墓地があった。

その狭さに二つの墓が並べて収まっていて、それぞれ名字が違うけれど両者の関係がどういうものなのかわからなかったらしい。

住宅地の家と家の隙間のようなところにあったが、めったに見ないような大きな蛇が敷地内でとぐろを巻いているところがよく目撃された。

いずれも子孫が絶えて久しい墓だったので、蛇が墓守をしているのだろうと言われていた。

その墓地の仏が近くの寺の無縁墓に移されることになった。

作業はつつがなく終わり、墓地の跡はやがて生活道路の一部になった。

その道路に、黒い着物を着た背の高い女の人が立つのが目撃されるようになる。

みんなそれを気味悪く思い、日が暮れたら誰もその道を通らなくなった。

ある月のない夜のこと、酔っ払った男が家に帰るのに気まぐれを起こして、普段は通らないこの道を選んだという。

近所の家も寝静まり、目をつぶっているかのように何も見えない道をゆっくり行くと、ふと闇の中に人の輪郭が見えた気がした。

男は酔っていて気が大きかったので、その人影に向かって話しかけることにした。

「もしもし、何かお困りでしょうか」

そう言ったつもりだったのだが、なぜか実際に男の口から出たのはこんな言葉だった。

「くちなわさん、そろそろかわりましょうか」


気がつくと周囲は明るくなっていて、男は朝陽の当たる道の真ん中で服をはだけさせ大の字に寝ていた。

それから黒い着物の女はいっさい目撃されなくなったそうだ。

かわりにというか、このときの男にはやがて奇行が見られるようになった。

夜寝ている間に、自分でも知らぬまま外をふらふらと歩き回るようになったらしい。くだんの道にも自覚なく頻繁に立ち、不気味がられたり心配されたりしていた。やがて男はその道で、近所の人の酔っ払い運転の車に轢かれて死んでしまった。

今から五十年近く前の話である。

蛾

O駅前はかつて路上駐輪の自転車であふれかえっていた。

自分がどこに駐めたのか正確に覚えていないと、帰りに見つけだすのも一苦労である。

冬美さんが大学から帰ってくるのはたいてい日没後だから、うっかり街灯から離れた位置に駐めようものなら懐中電灯持参でも愛車の特定には骨が折れる。

あきらめて夜道を三十分近く歩いて帰ったことも何度かあるらしい。

いつしか冬美さんは毎朝ほぼ同じ位置を確保して駐めるようになった。

そこは改札口からは少し離れているけれど、目立つ看板があるから夜でも迷わずたどり着くことができる。

看板はひき逃げ事故の目撃者をつのる内容のもので、半年前の日付が書かれていた。

そんな看板のせいか周囲には心なしか自転車の数も少ないように見えたという。

ある日飲み会があって冬美さんが終電で帰ってくると、さすがに路駐の自転車もまばらになっていた。

闇に浮かぶ白い看板の周囲はとくにがらがらで、冬美さんの愛車のママチャリだけがぽつんと駐まっている。

最初に変だなと思ったのは、サドルに模様がついていたことだった。

黒い無地のサドルのはずなのに、褐色《かっしょく》や灰色の入り混じった複雑な柄が入っているように見えた。誰かが勝手にカバーでも掛けたのだろうか？　でもなんのために？疑問に思いつつ近づいていくとそれが模様でもカバーでもないことに気がついたという。

冬美さんの自転車のサドルは、大小さまざまな蛾《が》の群れにびっしりと覆われていたのだ。

全身にさーっと鳥肌が立つのを感じて立ち尽くした彼女は、地面から石ころを拾うと愛車に向かって夢中で投げつけた。

何個目かがようやくサドルの端に命中すると蛾はいっせいに飛び立って闇の中に

散っていった。

だがびっしり集まった蛾の映像が頭に焼き付いてしまってとてもそのサドルに座る気になれなかった冬美さんは、家まで自転車を押して帰り後で念入りにアルコールで拭ったそうだ。


それからも何度も同様のことがあった。

なぜかいつも終電かそれに近い時間に限ってなのだが、冬美さんの愛車のサドルは大量の蛾の集会状態になっていた。

あらかじめ殺虫剤をかけておくなどの対策もしてみたけれど、効果は見られなかったらしい。

にも拘らず周囲の他の自転車で同じような状態になっているものを見たことがなかった。

場所が悪いのかなと思い、冬美さんは看板から離れた位置に駐めるようにし始めた。

だが終電で帰ってきた晩はなぜか愛車が看板の前に勝手に移動させられていて、サドルはやはりびっしりと蛾の群れに覆われていたのである。

結局彼女は駅までの自転車利用をやめてしまい、バスを使うようになった。

その晩はゼミの飲み会があって冬美さんは終電で帰ってきて、午前一時近くに改札を出た。

もうバスはないから家まで徒歩で帰ることになり、途中あの看板の前を通り過ぎる。だが人のまばらな通りで看板の辺りだけ人だかりができているのに気づいて冬美さんはぎょっとして歩みを止めた。

酔っ払いの集団がたむろしているのだと思い、迂回したかったがその道を通らないとかなりの遠回りになってしまうので意を決して彼女はその道を進んだ。

近づくと集団はみな褐色や灰色の同じような長さのコートを着て異様な密度でそこに固まっていた。

一様に看板のほうを向いていて、まるで我先にその白い長方形の板に近づこうとするかのようにうごめいている。

誰も会話をしておらず、息の音と衣擦れの音だけが異様に大きく聞こえていた。

冬美さんは鳥肌の浮いた腕をさするようにして、足早に集団の後ろを通り過ぎた。
後で思い出してみると、角度的に不自然なほど誰の顔も見えなかったそうだ。

関西のホテル

明奈さんが仕事で関西のホテルに泊まったら部屋の中に扉を閉じた仏壇が置いてあった。驚いてフロントに言ったら平謝りですぐに部屋を替えてくれたが、一体どうして客室に仏壇が？　という明奈さんの質問には「前のお客様が置いていかれたものを係員が見落としました」という不可解な説明だった。部屋のアメニティなどはきちんと交換されていたし、仏壇は入口ドアを開けるといきなり通路を塞ぐようにバンと置かれていたのだ。

そのことを出張から帰ってきた明奈さんが職場でみんなに話していたら、フロアの電話機がいっせいに鳴り出した。あわてて取ったけれど、どの電話も『係員が見落としました係員が見落としました』そう壊れたレコードみたいにくり返すだけでいきなり切れてしまったという。着歴は残っていなかった。

手首

和哉さんの彼女は夏でも長袖しか着ない。彼女の肘《ひじ》から手首にかけては本人曰く「若気の至り」のリストカット痕があるがそれが理由というのとは少し違うらしい。

彼女は十代だったある日、睡眠薬でぼーっとした頭でカッターナイフを手首に当てていたら突然刃が折れてしまったことがあった。

見れば折れた刃の破片が手首に刺さったままになっている。

それを抜き取ろうと指でつまんだところ、逆にぐっと引っ張られるのを感じたという。思わず指を離すと、折れた刃はすーっと手首の肉の中に吸い込まれてしまった。

肉が刃を吸い込みきる直前に傷口が一瞬めくれて、まるで子供の唇の形のように見えたらしい。

内側には白い歯が並んでいるのまでわかった。

食べ物を呑み込むような動きをしてから唇は消えて、ただのできたての傷口にもどった。折れた刃はそれきり彼女の皮膚から出てくることはなかったそうだ。

それ以来、彼女は自分の左手首に〈唇〉が現れるのを何度か目撃している。何か刃物をあてたわけでもないのに、とうに塞がっているはずの傷が勝手に開いて唇の形になっているのである。

口の端を上げて笑うような表情を見せると、ふたたび傷は塞がり唇は消えてしまう。彼女はリストカット痕に関してはべつに人目を気にしないほうだが、さすがに手首で微笑む〈唇〉を他人に見られるのは嫌なので、長袖で隠すようになったらしい。

しかも一度だけその〈唇〉から舌が覗くところも彼女は見てしまったのだという。舌があるということは、この〈唇〉は喋れるのではないか？

それが最近の彼女のもっぱらの心配事だそうだ。

手首が喋る女なんて、世の中の人たちがまともに相手にしてくれるはずがない。

そう恐れて彼女は左手首にバンデージを厳重に巻いて〈口封じ〉もしているとのことである。

和哉さんは彼女から聞かされたこうした話を、どう受け止めていいものか迷っていた。

幻覚か虚言のたぐいかなとも思ったが、思っただけで黙っていたそうだ。

実際彼女の精神状態は今はだいぶ安定していて、その白い手首にあるのもすでに癒えた古い傷跡ばかりである。

恋人である和哉さんとの関係も良好でそろそろ結婚の話も出る頃だと思っていた。

ただ彼女が、
「この〈唇〉は本当は喋れるのかもしれない」
と言ったとき彼女の声とかぶって、
〈ごめんなさい〉
そうつぶやくもう一つの声を和哉さんは確かに耳にしたのだという。
びっくりして和哉さんは思わず彼女の手首のあたりを凝視してしまった。
だが彼女は何も気づいていなかったようだ。

ただ急にシャツの袖をまくり上げると、バンデージの上から手首を痒《かゆ》そうにしきりに掻き毟《むし》っていたらしい。

手首から聞こえた声は、女児のような小さな声でとても申し訳なさそうに震えていたという。

アカブリタラッブリ

敬恵さんが友人のヒロコに聞いた話。

ヒロコの家には離れがあってかつて弟の部屋だったが、弟が家を出てから普段は誰も使わず物置のようになっている。

ある日ヒロコが離れに冬物のコートを取りにいくと、入口のところに男物のサンダルが揃えて脱いであった。

父親は外出中だから、母親が履いてきたのかなと思ってドアを開けたが、中には誰もいなかった。変だなと思いながらカバーを外したコートを抱えて外に出ようとすると、彼女が履いてきたサンダルが消えていた。沓脱《くつぬぎ》には男物のサンダルだけが残っている。

母屋にもどって玄関を見ると、彼女が履いていったはずのサンダルはきちんとそこに揃えられていた。

そのことを母親に告げると、

「最近よくあるんだよね」

意外にもそう言って苦笑している。

誰もいないはずの離れの入口に履物があり、不思議に思うが中には誰もおらず、帰りには自分が履いてきたほうの履物が消えて勝手に玄関にもどっている。

「そんなことしょっちゅうよ。誰の靴とか、サンダルとか革靴とかとくに関係ないみたい」

最初は侵入者がいるのではと警戒したが、あまりに頻繁なので慣れてしまったというのだ。

「えー気持ち悪いな。前はそんなことなかったよね？　何か変なものが離れに棲みついてるんじゃないの？」

「変なものって何よ」

「なんか妖怪みたいなもの」

「妖怪草履《ぞうり》返し、みたいな？」

「そうそう」

二人で笑っていると、玄関のチャイムが鳴った。

ヒロコが玄関に行ってドアを開けたら、知らない男の人が立っていたという。

いや、どこかで会ったことがあるような気がするが、思い出せないだけかもしれない。

そう思ってヒロコは不躾《ぶしつけ》に相手をじーっと見てしまったが、相手は気にする様子もなく、だが名乗ったり用件を切り出すそぶりは見せずただじっと黙ってそこに立っている。

「あら、アカブリタラッツブリさんじゃないの」

玄関が妙に静かなのが気になって様子を見にきたらしい母親が、そう男の人に話しかけた。

あんたお客さんを玄関に立たせておいて失礼でしょ、とヒロコを叱りつけると、母親は男の人を家に上げて客間へと案内していった。

「アカブリ……タラッツブリ？」

ヒロコは母親の口にした呪文めいたものをくりかえしてみた。とても人の名前のようには思えない。

それに私が知っているあの人の名は、そんな名前ではないはずだ。

首をかしげながら客間の前まで来てそっと覗くと、母親が呆然とした顔で突っ立っていた。

「お客さんは？」

ヒロコが訊くと母親は座布団を見下ろした。

そこにはタンポポの綿毛のようなものがわずかに付着していた。

「消えちゃった」

母親は空気が抜けるような声でそう言って座り込んだ。


母親は自分が家に上げた客が何者なのか覚えていなかった。

そのときは確かによく知っている人だと思ったし、アカブリタラツブリというのも自然と口から出てきたものらしい。

だが今ではその客も、その妙な名前もまるで心当たりのないものになっていた。

そしてヒロコさんと共通していたことは、客の外見がまったく思い出せないことだ。

男の人だったということしかわからない。

「でも、すごくきれいな人だった気がしない？」

母親にそう言われて、ヒロコは身を乗り出してそうそうとうなずいた。

「たぶんあたし玄関先で見とれてたんだと思う。あーでも、なんで顔が思い出せないんだろう?」

そのとき以来、離れでの履物をめぐる謎の現象はぱったりと途絶えたようだ。

だからヒロコは、あのときの客が犯人だったのだと思うことにしているらしい。

園児

十年ほど前の話。

英里佳さんは合コンで知り合ったRという男と仲よくなってつきあい始めたが、まもなく家庭の事情でRは郷里の町に帰ることになった。

それからも頻繁に連絡は取り続けたが、遠距離電話で話している最中にRは妙なことを言うようになる。

英里佳さんの部屋はアパートの二階ですぐ隣に幼稚園があるのだが、そこで子供たちが騒いだり歌を歌っている声が電話越しに聞こえてきて、うるさいくらいだというのだ。

だが二人が電話で話す時間はだいたい夜遅くで幼稚園は静まり返っているし、英里佳さんにはそんな声はどこからも聞こえなかった。

何かが電話に混線してるのかもね、と受け流していたがRはますますその〈子供たちの声〉を気にするようになり、やがてその〈声〉が聞こえ始めるたびに「いらいらするから」と電話を切りたがるようになった。

とはいえ英里佳さんには依然として何も聞こえないので「私と話すのが嫌になってそんな嘘つくのかな?」と疑ってみたりもしたが、Rの声の切迫した様子からはむしろ彼の精神の不安定さを心配せざるをえなかったという。


ある日仕事の帰りに道路が工事で迂回になっていたので、英里佳さんはいつもは通らない幼稚園の前を歩いた。

夜なので人気はなくて建物も庭も暗く、街灯の白っぽい光が遊具に反射していた。遊具のひとつにジャングルジムがあり、敷地の前を通り過ぎるときちょうど英里佳さんの目の前に来たのだが、カラフルに塗り分けられた骨組みの中に何か視界を遮るものが収まっているように見えたという。

気になって立ち止まった彼女が柵越しに身を乗り出すと、それは直径一メートル近い巨大な毛糸玉のようなもので、よく見るとジャングルジムの骨組みを無視して中でくるくると回転していた。

そして毛糸にあたる暗い色の繊維状のものの隙間から、しだいにかしゃかしゃと紙を丸めるような音が漏れ聞こえていた。

それはだんだん大きくなって、大勢の子供たちが喋ったり笑ったり泣いたり叫んだりする声の塊のようなものに変わっていった。

もしかしたら彼がいつも聞いてたのってこの声なの？

でもなんなのこれ？　子供の玉？

ああ子供たちの声がだんだん大きくなってくる……。

英里佳さんが恐怖で固まっていると携帯電話の着信音が鳴り出して、見たらRからだったので彼女はあわてて電話に出ると、いきなり話し掛けた。

「あのね私今幼稚園の前にいて」

『それ言っちゃダメ！』

電話から彼の絶叫がが聞こえてきた。

英里佳さんが面食らって言葉に詰まると、彼はこう畳み掛けてきた。

『なんで英里佳はいつもそうなの？　ぜんぜんわかってないじゃない、それはきみが人の話を聞かないからなの！』

聞いたことのないような彼の剣幕に彼女はとまどう。

『なんでも自分で勝手に判断して、そういうふうに進んで泥沼にはまって、それがまるでおれのためにしたことみたいな話になってるの。そんなのおかしいでしょ！』

何を言われているのか理解できないが、英里佳さんは口を挟む隙がなかった。

ジャングルジムの中では〈毛糸玉〉がくるくる回り続けている。

『善意の押し付けならまだ笑って済ませられるよ？　でもそんなレベルじゃないわけ、わからないの？　そもそもおれが指摘しなきゃきみはずっと目をつぶってやり過ごすはずだし、今だって肝心なとこはおれに丸投げしてきて、こっちがそれで大変な思いしても知らなかったって言う。絶対言うんだから、子供だとか幼稚園だとか、そんなの始めからわかりきってるんだよ。本質じゃないわけ！　英里佳に最初に会ったとき、何かすごいことが始まったと思った、本当だよ？　それを信じてここまで来たんだし、ボタン掛け違ったような気分が続いても深呼吸して、そうじゃないんだって自分に言い聞かせた。そんなのおれが勝手にしたことだし、もちろん英里佳に責任取ってなんて言わない。言えないよ？　だけどこれはひどすぎるって、やっぱり言わなきゃいけないと思った、だって回転してるんだよ？　それって今だけの話じゃないでしょ？

ずっとだよ、今までもこれからも、その点を無視してきみは話そうとしてるでしょ？　だからこんなに通じないんだし、どんどん悪くなって、目も当てられなくて、だけどなんとかやり直したいっていう気持ちがこうやって踏みにじられて！　どうしていいかわからないし、認めたくないけど、認めたくないけど！　手遅れなんてもんじゃない、初めからみんなそうだったんだし、おれだけずっと輪の外で苦しくてもがいてて、すごく遠くでくるくる回ってる、みじめな気分で……』

電話の彼の声はしだいに掠れて細くなっていったが最後に、

『こんなのもうたくさんなんだよ！』

ほとんど泣き叫ぶような大声が耳元で響いて、通話は切られた。

英里佳さんには隅から隅まで彼の言葉は意味がわからなかった。

ジャングルジムの中の〈毛糸玉〉は今では本当の毛糸玉ほどのサイズに縮んで、手持ち花火のような音をかすかに立てながらなおくるくると回転し続けていた。

その晩英里佳さんが何度掛け直してもRは電話に出ず、一方的に別れを告げるメールが明け方頃に届いた。

メールにはくしゃくしゃに丸めてまた広げた写真のような幼児の顔の画像が説明もなく添えられていたという。

手だけ

坂の途中に廃屋があった。

廃屋も空き地も目立つ道だけれど、そのうちの一つはよく知っている。元は歯医者だった家で看板が出たままになっていた。

健助さんは幼い頃にそこで治療を受けた記憶があった。たぶんもう三十年くらい前のことだろう、医者は白髪で痩せた年配の男性だった。

無口で表情に乏しい医者で健助さんは怖かったという記憶しかないが、大人たちの評判は悪くなかったようで待合室も混雑していた。

いつ廃業したのか知らなかったのは、健助さんが十二歳のときに両親が離婚し、彼は母親と九州に移り住んだからだ。

元の自宅には父親が新しい家族と住んでいると聞いていたが、さっき見てきたら再開発で道路になるらしく家はもうなかった。殺風景な工事現場にかつての生活の記憶をたどるのは難しく、何か代わりを見つけたくてうろついていたら歯医者の建物を見つけたのだ。

仕事で近くまで来たので足を延ばそうと思ったときは、心に当時の街並みがビデオ映像のように蘇ったと思ったが、現場に来てみるとあまりの変わりように記憶のほうが上書きされてしまったのか、昔の景色が何も思い出せなくなってしまった。

その中にぽつんと黄ばんでしまった歯医者の看板が現れて、草に埋もれたような家を見たときもやはり懐かしいという気持ちは湧かなかったが、口に突っ込まれた医者の指の感触が妙に生々しく思い出されて変な気分になった。健助さんはしばらく廃屋の前に立って看板を眺めていた。


歯医者から一軒右に上ったところに家が解体されて門と塀だけが残っている土地があり、その錆びた門扉の軋む音がさっきからずっと響いている。

目をやると鉄の門はギーギーと鳴ってわずかに開閉をくり返していた。風はないように思うが、ブランコを漕ぐ音にも似たその軋みは止まなかった。

「あんまり見ないほうがいいよ」

そう声がしたので振り返ると、道を挟んだ家の前庭に園芸用エプロンを掛けたおじさんが立っていた。

「みんなつい見ちゃうんだよ」

「はあ」

健助さんは曖昧に返事をした。

「気になっちゃうでしょゃやっぱり」

「はあ、そうですね」

「風もないのにって」

「はあ」

「つい目がいっちゃうよね、わかるんだけどね」

「……」

「だけど見ないほうがいいんだよ」

「どうしてですか」

するとおじさんは眉毛を下げて少し困ったような顔をした。

「あれ、手だけだから」

「手だけ⁉」

うなずいているおじさんの視線を健助さんは目で追った。

するとギーギーと軋みを立てている門扉の右端に、妙に黄色い手首が握りしめるような形で載っていることに気がついた。

門の内側に誰かいるのかと思うが、手首につながる腕も体も見当たらない。

扉が引かれるとき、力をこめるように黄色い骨ばった指が少し立つのがわかる。

健助さんは言葉を失ってその主のいない手を凝視した。

「おれの手にそっくりなんだよな……」

独り言のような声に振り返ると、おじさんは玄関のドアを開け家の中に入っていくところだった。

このとき、おじさんの顔も妙に黄色かったことに健助さんは思い至った。

ふいに音の止んだ門扉に目を移すと、それを揺すっていた手首が見当たらない。

静かな坂道にどこか遠くから犬の吠え声が聞こえてきた。

十一年前の早春の体験談である。

本当の別れ

絵美さんが町を歩いていたら元彼に会って、悪いけれど五千円貸してくれないかと言われた。その男には貸したままの金がだいぶあったけれど、財布にちょうど五千円あったのでつい貸してしまった。すると元彼は気持ち悪いほど感謝を表して去っていった。

後ろ姿が雑踏に消えると、絵美さんはもうあの男には一生会わない気がすると思った。会わないと心に誓ったのではなく、なんとなくそういう予感があったのである。

その二週間後くらいに友人と乗っていた車の衝突事故で、元彼は命を落とした。

葬式でひさしぶりに彼の家族に会い、顔を見た途端悲しくなって、絵美さんは泣き崩れてしまった。あんな会い方だったけれど最後にもう一度元彼に会えてよかったのだと思った。

遺影の顔は妙によそよそしく、絵美さんの知っている彼ではなかったので、路上での少し白髪の増えた彼の横顔が、かえって強く瞼《まぶた》に焼き付けられた気がした。

それから三年経って、元彼の幽霊はこれまで絵美さんの知っている複数の人に目撃されている。

カフェの窓の外から手を振る姿や、向かいのプラットホームに立つ姿、歩道橋から頬杖して見下ろす姿、なじみのバーに他の客たちに紛れて入ってくる姿などの報告が続々と絵美さんの耳に届き、そのうちあんたのところにもまた金をせびりに来るよと友達は笑っていた。

だが絵美さんは口に出して言わなかったけれど、それはないだろうなと思っていた。あのとき元彼にもう一生会わないと感じたのは、ただ今生の別れという意味ではなかった。なんとなくそれよりもっと長くて取り返しのつかない〈本当の別れ〉というものがあるのだと絵美さんは感じていた。

あの日の別れはそれだったんだと思っているのである。

マッチョなヌード

ＯＬの橋野さんの職場はかなり古いビルに入っていて、その地下はちょっとした飲食店街のようになっている。

だが昔ながらの小汚い飲み屋やラーメン屋などが多く、そういう店が苦手な橋野さんは、ほとんど地下じたいに足を踏み入れたことがなかった。

ある日同じ課の女性たちの間で「地下にある食堂のランチが安くておいしい」という話になったそうだ。なんとなく全員で食べにいくことになり、一人だけ抜けづらくなって橋野さんも同行したという。

その店は通路の一番奥にあって、店名はアルファベットだが読みがわからなかった。エスニック系の店かと思ったがメニューは和食のようで、ランチも煮物や焼き魚など品数が多いしヘルシーで味もなかなかだったので、橋野さんは今まで来なかったことを後悔したしその場でも口に出して言った。

昼時なのに意外と空いているのも穴場感があったが、どうしてだろうと疑問でもあった。同じ地下には客が並んで待っている店もいくつかあったのだ。不思議に思いつつ橋野さんが店内を見回すと、壁に掛かっている一枚の絵が目に留まった。外国の港のようなところを描いた油彩画のようだ。店のメニューにも内装にも合ってないなあと思いながら眺めていると、店員の若い男があわてたようにその絵の前に立ち、額縁を壁から外すとどこかへ持っていってしまった。

絵のなくなった壁はむしろすっきりして自然に見えたが、なぜ今、突然外したのかさっぱりわからない。まるで橋野さんが見つめているのを店の人が嫌がったかのように思えてしまう。

数日後、橋野さんは一人でその食堂にやってきた。

注文したランチが来るのを待ちながら店内を見回すと、先日絵が外された壁に今度は別の絵が飾られていた。

筋骨隆々の男の裸の絵なのだが、性器まで克明に描かれているし、ギリシャ彫刻のような裸ではなく妙に生々しく卑猥《ひわい》さすら感じられた。

どうしてこの店はこう何もかもちぐはぐなのだろう、せっかく安くておいしいのに。

そう思って橋野さんが苦笑していると料理が運ばれてきた。運んできたのはこのあいだ壁から絵を外していた若い男で、皿を並べた後にっこりと笑いかけて壁の裸の男を指さしながら言った。

「お姉さん、マッチョなヌードの絵好きだって知ってましたヨ」

日本人に見えたその青年は外国語の訛りがあった。

「お姉さん、港の絵好きじゃない。見たくないって顔してたネ」

先日外した絵のことを言っているようだ。

何を言っているのだこの店員は、と混乱して橋野さんはうまく反応することができなかった。

ひたすら困惑するだけで、目の前の男を怒鳴りつければいいのか、ありがとうと微笑んだらいいのかさえ思いつかない。

だが店員がなおも「お姉さんの好きなマッチョなヌード」の話を続けようとするので、橋野さんはそれを遮ってようやくこう言い返したという。

「私マッチョなヌードの絵なんてべつに好きじゃないです」

すると店員はさも意外なことを聞いたという表情で目をしばたたかせ、肩をすくめた。

「だってお姉さん天井にマッチョなヌード集めてるジャないですかァ」

上を見るようなしぐさをして、ぶつぶつ言いながら店員は去っていった。

橋野さんは頭の中が無になったような気分でランチを食べ始めた。味は何も感じなかった。

その晩、橋野さんはマンションに帰宅すると店員の言葉を思い出し、どうにも気になってしかたなかった。

何をしていてもつい天井を見上げてしまう。

やがてトイレの天井に外せる部分があるのに気が付いていて、たまらず便器の上に乗っかった橋野さんは天井の蓋を外して手を差し入れてみた。

天井裏をまさぐること数秒、指に触れた紙束らしきものにさっと鳥肌が立つのを感じながら、掴んでゆっくりと穴から取り出すとそれは画用紙の束だったという。

全部で二十枚ほどあり、そのすべてに同じ男性と思われる筋肉質の裸体のデッサンが描かれていた。

さまざまなポーズを取る全裸の男を部屋の床に並べて茫然としてしまった橋野さんは、契約時に大家が前の住人が美大生だったとちらっと言っていたことを思い出した。

デッサンはその美大生が残したものだとして、なぜ退去時に持ち出さず天井裏になど隠しておいたのかわからない。

画用紙の最後の一枚には隅にサインらしきものの他、

〈W・Sの思い出に〉

と読める短い走り書きが見られたという。

橋野さんは昼間の店員のことが不快というよりもすっかり怖くなってしまい、以後地下の食堂を訪れることは二度となかったそうだ。

夢の続き

三十代のＯＬ麻里江さんの話。

二十歳のとき知人男性が海外で事件に巻き込まれて行方不明になって、テレビのニュースで取り上げられたりもしたんですね。

その人の奥さんと私はけっこう親しかったからいろいろと裏事情みたいなことも耳に入っていて、どうやら男性は表の仕事とは別にその国のマフィアみたいな連中と関わりがあったらしくて。国内のニュースで伝えられたような、一方的に犯罪に巻き込まれた善良な旅行者というわけでもなかったみたいなんです。

もちろんそれは噂以上のものじゃないけど、ドラッグの大きい取引がらみのトラブルだろうというのは周囲の人たちからちらほら聞いていました。

それで心配して奥さんに会いにいったら「夫はもう生きてはいないはずだし、かなり酷い殺され方をしただろう」と淡々と聞かされたんですよ。

というのも夫からの連絡が一切途絶えてすぐ、まだ現地の警察が動く前くらいの段階で奥さんは夢を見て、奥さんもすべては話してくれなかったんですが、それは私が聞いただけでも口にするのを憚られるような残酷な方法で、夫が少しずつ体の自由と五感を奪われていく過程の夢だったらしいんです。

顔を隠した数人の男たちが男性の右の××をペンチみたいなもので×××した後で、何か薬品のようなものを浴びせてどろどろにして、今度は左の××を××××ったりとか……そんなふうに体の部品がちょっとずつじわじわ減っていく感じで。

目が覚めるとしばらくの間、その晩行われた拷問にまつわる臭い――肉の焦げる臭いや血や糞尿の臭いなど――が部屋に籠っていて消えなくて、それが単に夫を案じるあまりの悪夢じゃないことを彼女は認めざるをえなかったんですよ。

夢は毎晩ほんの少しずつ進行していって、夫は最初のうちは現地の言葉や英語で何か必死に訴えていたのが途中から絶叫と日本語だけになって、最後にはもうずっと日本語で「痛いよママ、痛いよママ」って泣きながらくりかえしてるだけだったって。

その声も出せなくなって、弱々しく喘ぐだけになってから一週間ほどで男性はまったく動かなくなって、それ以後奥さんの夢の中で夫は二度と動くことも息を漏らすこともなく、じっと床というか地面に突っ伏したままの状態だったらしいです。

だから奥さんはその頃には「もうあの人は死んじゃったんだ、でもそのかわりあんな地獄みたいな苦しみからは逃れられたんだ」と信じるしかなかったんですけど、夢はそれで終わりではなかったんです。


九相図っていうのがありますよね。

仏教絵画で、人間が死んで死体がどんどん腐っていって、蛆が湧いたり動物に食われたりしてだんだん骨になっていく様子を九枚に分けて描いたものですね。

まさにそれをリアルに映像にしたような夢を、以後奥さんは毎晩見続けることになるんです。

つまり死体になった夫に腐敗が始まって、ガスでお腹が膨らんだり死体が溶けて変色していく様子を、まるでライブカメラでずっと中継されているみたいに夜毎見せつけられていったんですよ。

この過程で奥さんはもう感情が完全に死んでしまって、夫の身に起きたことやその犯人について考えようとしても、間にガラス板が挟まっているように何も気持ちが動かなくなってしまったみたいです。

その晩見た夢の中の夫の姿が、ただ一日中頭の中に一枚の絵みたいに浮かんでるだけだったって。

そして延々と二ヶ月間くらい続いたこの夢の最後は、とても奇妙なものだったそうです。

すでにすっかり骨になって地面に転がっている夫の横に、ひさしぶりに生きている人間が立ったんですね。現地人らしいその男は素顔を晒していて、まるでそこにカメラがあるみたいに奥さんのほうに笑いかけると地面から頭蓋骨を拾い上げました。

それから髑髏の顎を掴むとかたかたと動かして、まるで腹話術師のようにカタコトの日本語でこう言ったそうです。

「ユキコチャン、コレカラボク日本ニカエルヨー。ボクノ大好キナオ風呂ワカシテテマッテテネー」

由起子というのは奥さんの名前なんですね。

はっとして汗だくで布団から跳ね起きた奥さんの耳に、聞き慣れない感じの水音が飛び込んできました。

恐る恐る見にいったところ音は浴室からで、全開になった蛇口から滝のように注がれた熱湯が浴槽をあふれて浴室に湯気が充満していたそうです。

ゆうべはお風呂を使ってないしもちろん湯を溜めたりしていない。だから寝ている間に誰かが家の中に侵入したんだと思い、血の気が引いて奥さんはしばしその場に立ち尽くしてから家中を調べたけど、玄関は内側から施錠されてるし、部屋が荒らされたり窓を無理に開けたような跡もなかったらしいんです。ただ玄関ドアの外側にまるで猛獣が爪を立てたみたいなすごい傷跡が斜めにいくつも付けられていて、ポーチには泥が乾いたような裸足の足跡が無数に残っていたそうです。

なぜか足跡はその場で何度もぐるぐる歩き回ったみたいに付いてただけで、門扉からのアプローチ部分のタイルにはひとつも見当たらなかったって。

奥さんは夢の中で、カタコトの男が夫の髑髏を片手に言っていた言葉を思い出しました。

でもたとえ魂になって夫が帰ってきたんだと思おうとしても、あまりにちぐはぐで唐突過ぎる出来事ばかりで、どこにも夫本人の痕跡みたいなものが見当たらなかったんです。彼女の夫は風呂嫌いで何年もシャワーだけで済ませてたような人だし、玄関にあった足跡も夫と較べてかなり小さくて女か子供の足のようだったそうです。まして ドアに残っていた爪跡なんて人間のものとさえ思えないし……。

結局それっきり〈何者かが家に帰ってきた〉と思えるような出来事は彼女の家や身のまわりには何も起きていないみたいです。


今もその男性は行方不明のままで、遺体はもちろん亡くなったという証拠も何ひとつ見つかっていないそうで葬式も出してないし、お墓も仏壇もないんですよ。

そのかわりに奥さんは、夫の失踪からちょうど二年後に自分の背中に髑髏の刺青を入れたんですね。

一度私にも見せてくれたけど、白い肌に彫られた髑髏は雪原で野ざらしになった頭蓋骨みたいで、本当に綺麗で凄惨な感じのするものでした。ため息ついて眺めてたら、

「ここがあの人のお墓なんですよ」

はだけた背中を自分で指さしながら、奥さんはそうぽつりと言いました。

浴衣の女

およそ二十年前に隆夫さんは某温泉に友人数人と遊びにいった。

仕事があるというのでそのうち何人かが先に帰り、二泊目は宿には隆夫さんとSだけが残っていた。

実は隆夫さんはSのことはあまり好きではなかったが、当初はもう一人残るはずだったのでまあいいだろうと二泊するグループのほうに入ったのだ。ところがそのもう一人が急用で一泊で切り上げてしまい、苦手なSと二人きりになってしまったのだという。

昼間は外を出歩いて気が紛れるが、夕飯から先はどうにも気詰まりな時間となった。向こうがこちらをどう思っているかは知らないが、とにかく話が弾まず、すぐに互いに黙り込んでしまう。

暇を潰そうとやたらと何度も温泉に入りにいってのぼせてしまい、隆夫さんは部屋で横になっていた。

Sはこちらに背を向けてテレビを見ている。お笑い番組だがSはくすっとでも笑うことなく、まるで何を考えているのかわからなかった。

うつらうつらしながらSの背中を見ていたら、妙なことに気がついた。

Sの浴衣の腰のあたりの柄が、皺《しわ》と相俟《あいま》って人間の上半身の姿のように見えるのである。

偶然できた模様には違いないが、なんとも気味が悪いというか、冷たい表情の女が体を斜めにしているそこにいるようだった。

これ写真に撮っといて後でみんなに見せたいな。でも黙って盗み撮りするとシャッター音で気づかれるだろうし、Sに説明して断ってから撮るのもなんだか億劫だな……。

そんなことを思っているとSが座ったまま身じろぎして少し姿勢を変えた。

それによって浴衣の皺が変化したので、Sの腰に現れていた女の姿がくずれて消えた。

ように見えたのだが、なぜか女の姿だけが浴衣を離れてふわりと浮き上がった。

そのまま煙草のけむりのように、ただし女の上半身のかたちを保ったままゆっくりと上昇していく。

隆夫さんは飛び退くように起き上がって、喉から声にならない笛のような音を出した。

するとSが大儀そうな顔で振り返り、隆夫さんを一瞥するとふんと鼻を鳴らしてまたむこうを向く。

女の姿は天井板に溶け込むように見えなくなった。

「今の女なんなんだ？　お前知ってるんだろ⁉」

そう喉まで出かかった言葉を隆夫さんは飲み込んだ。

Sの背中が無言で「何も訊くな」と主張していたのである。

背もたれ

以前奥さんに先立たれたばかりの友達と飲みにいったとき、菊雄さんは友達の背後に誰かいるような気がしてつい何度も覗き込んでしまった。でもそこは店の一番端の席で後ろには誰もいない。そんなことはわかっているのに気になってまた見てしまうと、視線に気づいた友達が後ろをふりかえって「あっ」と声を上げた。

座っていた椅子の背もたれのところに水色のチェックのマフラーが掛かっていて、それが亡くなった奥さんが気に入っていたマフラーにそっくりだったそうだ。

でも実物がこんな場所にあるはずがないし、その日は夏の初めの蒸し暑い晩だったので間違えて巻いてきたわけでもない。

誰かの忘れ物だろうとそのままにして友達はそそくさと席を立ったそうだが、考えたら他の客だって熱帯夜にマフラーなんて巻いてくる人がいるわけないのだ。

ちなみに奥さんの自殺の直接の原因がその友達の浮気発覚だったことを菊雄さんはだいぶ後になってから知ったそうだ。

チェックのマフラーは友達が浮気相手を家に連れ込んだとき「寒いから巻いていきなよ」と貸したままになっていて、奥さんは気に入っていたマフラーを失くしてしまったと思ってひどく悲しんでいたらしい。

結婚して最初の誕生日に、愛する夫からプレゼントされたマフラーだったから。

腰抜け岩

正紀さんの郷里の町に今よりずっと何もなかった頃、つまり昭和四十年代後半あたりのことだが、町の広報紙に〈腰抜け岩〉の話が載ったことがあった。

当時すでに年寄り以外は知らないか、名前は知っていても場所は知らないのが当たり前だったその岩は、記事によれば「その上に腰かけた者は腰が抜けたようになって動けなくなる」というものらしい。

昔あまりに座り心地がいいので十年間岩に座り続けた男がいて、妻もその場に呼び寄せて岩を囲んで家を建て、子供もつくって暮らしたのだという。だがある日熊に襲われて、家族は逃げたが男だけは岩から立ち上がれず熊に食われてしまった。

その後は男を襲った熊がその岩の上に座り続け、最後には岩の上で餓死したという話である。

とにかくそれくらい座り心地のいい岩だと伝えられているとあった。

「きわめて危険なので試す人がいるといけないから腰抜け岩の場所は伏す」ともっともらしく話は締められていた。

小学生だった正紀さんは家にあった広報紙で偶々《たまたま》この記事を読んで興味を引かれた。そんな岩があるならぜひとも座ってみたい。

行動力が抜群だった正紀さんは、次の日学校へ行くふりをしてまっすぐ山のほうへ歩いていった。

いつも遊んでいる範囲にそれらしい岩は見たことがないから、きっと山のかなり奥のほうなのだろう。

そう思って山の中でも普段は行かないような足場の悪いところを歩いていると、どこからかラジオのチューニングを合わせるような音が聞こえてきた。

誰か人がいるのだと思い、正紀さんは木の陰に隠れて様子を窺った。

やがてチューニングがきれいに合ったのか、その音は女の人の話す声に変わっていた。

ラジオのアナウンサーが喋っているのだと思ったが、それにしてはどうもその声が自分に直接向けられたもののように正紀さんには思えたらしい。

『見知らぬ岩に近づくのは大変危険なので絶対にやめましょう、くりかえします、よい子のみなさんは今すぐ学校へもどって授業を受けましょう、見知らぬ岩に近づくのは大変危険なので絶対にやめましょう、くりかえします』

土地の訛りのない平板な女の声は、小さなラジオのボリュームを目一杯上げたような割れた音質で静かな山の空気にひろがっていた。

聞いていると、正紀さんは見も知らぬ人間に説教されているような嫌な気分になった。腹が立ってきて絶対に言うことを聞いてやるものか、必ず腰抜け岩を見つけて座ってやるぞと決意を新たにしたそうだ。

そしてふたたび歩き始めたとき、ついでにこの〈お説教〉の出元が何なのかを確かめておきたいと思った。

もし、このいまいましいラジオのようなものが置きっ放しでまわりに誰もいなければ、石でもぶつけて壊してしまうか、地面に穴を掘って埋めてしまおう。

そう思いながら声のするほうへ進んでいくと、ちょっとした窪地のような場所が見つかった。

声はその窪地のほうから聞こえてくるようで、正紀さんは慎重に中を覗き込んでみたけれど、どうやら今は人の姿はないようだ。

そこで足場を探りながら底へと降りてゆくと、大きな草の葉に隠れた岩が地面から顔を出しており、その上に黒い弁当箱ほどのサイズのラジオのような機械が載っていたという。

『見知らぬ岩に近づくのは大変危険なので絶対にやめましょう、くりかえします、よい子のみなさんは今すぐ学校へもどって授業を受けましょう』

うるさいぞ、と怒鳴りながら機械を掴み取った正紀さんは地面に叩きつけ、なお平板な女の声を発し続けるそれを何度も足で踏みつけた。するとようやく機械は静かになったので正紀さんは満足し、誰かがもどってくる前に現場を離れようと窪地の縁を登るための足場を探した。

そのとき背後からちゃぷちゃぷという水音のようなものが聞こえてきたのだ。

振り返ると、音はさっきまでラジオのようなものが置かれていた岩から聞こえてくるようだ。

そのときあらためて気づいたのだが、地面から二つに割れて盛り上がる岩は色こそ鉱物らしく灰白色をしているが、形は人間の尻にそっくりだった。

それを見て正紀さんは「女の尻だ」となぜか確信したのだという。

その大きな尻がいきなり震えると、またちゃぷちゃぷと水音のようなものが聞こえた。

どんな屈強な男よりも背が高く目方も重い女が地面にうつ伏せに埋まっていて、尻だけ外に向かって突き出している。正紀さんにはもはやそのようにしか見えなかった。

もしかしてこれが腰抜け岩なのか？　そう考えて彼はなぜか暗い気持ちになった。

今までそのことに思い至らなかったのは、正紀さんの心にそれが腰抜け岩だという事実を認めたくない気持ちがあったからかもしれない。

どういうわけだか、自分がぜひ座りたいと思って学校をさぼってまで探していた岩が女の尻の形をしていることにひどく屈辱を覚え、耐えられないような気持ちだったらしい。

こんなものが腰抜け岩だなんて嫌だ。絶対に違う。おれは認めん、こんなのに座りたくない、嫌だ嫌だ。

そうつぶやいて頭を振りながら後ずさると、大きな尻がまたも震えてちゃぷちゃぷと音を立てた。

その音がさっきよりもたくさんの水をたたえているように深く大きく耳に響いたと

いう。

正紀さんは何かがぐっと込み上げてきて、その場で少し吐いてしまった。

そのとき突然「尻女がいつ土中から立ち上がって襲いかかってくるかわかったもんじゃない」という予感に襲われた彼は恐怖に飛び上がり、あわてて斜面に縋りつくようにがむしゃらに窪地から這い上がると、鳥の声しかしない山の中を脛《すね》を傷だらけにしながら死に物狂いで駆け下っていった。


翌日この一部始終を教室で話すと、正紀さんは驚きで受け止められるどころかクラス中からひどく馬鹿にされ「ただの岩が女の尻に見えた助兵衛《すけべえ》野郎」として散々からかわれたらしい。

大いに屈辱だったが「それなら現場に連れていってその岩を見せてみろ」という要求を正紀さんは頑《かたく》なに拒み続けた。とにかくあの場所にはもう二度と行きたくないし、あんな岩は二度と見たくないというその点は揺るぎなかったので、級友たちからの嘲笑にも最後にはただ耐えるしかなかった。

それから三日ほど後だったろうか、正紀さんを「助兵衛野郎」とからかった同級生の男の子の一人が行方不明になった。

休日に外へ遊びに出かけてそのまま家に帰らなかったのだが、町の大人たちと警察による捜索の結果その子は丸二日経って山の中で無事発見された。どうやら道に迷った上に怪我をしてその場で動けなかったとのことで、具体的にどこで発見されたのか、何の目的で山に入ったのかはなぜか子供たちの耳には伝わってこなかった。どうも大人たちはそのことの詳細を隠そうとしているように見えたし、正紀さんはきっとあの岩に関係あることだと直感して、だからこそ事実を知りたくないと思った。同級生たちの噂話の輪にもけっして加わらなかったという。

一週間ほど休んで教室にもどってきたその男の子は、担任をはじめ教員たちからなぜか腫物《はれもの》に触るように扱われ、失踪前とは人が変わったようにどこか陰のある顔で俯《うつむ》いていた。卒業までずっとそんな印象だったことを正紀さんは覚えているそうだ。

当時大人同士が話しているのを正紀さんが偶然聞いてしまったところでは、その子は発見されたとき素っ裸で、脱いだ衣服は周囲のどこにも見当たらなかったという話である。

助言

警備会社に勤める四十代男性、良造さんの話。

あるときアパートの隣の住人が亡くなったんですよ。若い男の人なんだけど病気だったらしくて、それは廊下の掃除に来てた大家から聞いたんです。部屋で亡くなったからいろいろ大変だったけど、偶々《たまたま》お友達が訪ねてきてすぐに発見されたんでそれはよかったとかなんとか。

そんな話を聞いた二週間後くらいに今度は反対側の隣人がやっぱり亡くなって。こちらは年配の女性で心臓病だったんですが、しばらく気づかれなかったそうで、私もやたらと虫が多いのは気がついていたんです。急に暑くなった頃でしたからねえ、正直これはという気になる臭いもありました。部屋で発作起こしたらしいんですが、人付き合いのない人で発見が遅れたんですね。

そうして隣人の孤独死がわかると、私はなんだかそわそわしてしまったんですね。左右の部屋で人が続けて亡くなったわけです。滅多にあることじゃありません。それなら挟まれてしまった私もこうしてはいられない、うかうかしてられないんじゃないかと思ったんです。

私も後に続かなきゃいけないのではと思って、非常に焦る気持ちになったんです。どうしてなんでしょう、妙な話ですが、そのときはそう思えてしかたなかったんですよ。

それでも心のどこかに躊躇《ためら》いはあったようで、誰かにこのことを相談したいと思って友達に電話を掛けたわけです。

考えたら変な相談ですよね、左右の部屋で住人が死んだから、この際私も死んだほうがいいんじゃないか？　なんていきなり言われたら私なら絶句してしまうでしょう。だけど友達はとても真摯《しんし》に話を聞いてくれて、たしかにあなたの言う通りでそれは死んだほうがいいのかもしれない。なぜなら左右から挟まれたわけだから、これは運命に両手を取られたも同然のことで、真ん中にいるあなたは実に稀有な羨むべき立場にある、人生でこんなことはたぶん二度とないことだろう。だったら当然その運命の贈り物をありがたく受け取るのが正解だろう、なぜなら左右から挟まれたわけだからねって理路整然と教えてくれたわけです。

私は何度も感謝を述べてから電話を切りました。

それからあらかじめホームセンターで購入してあったロープをカーテンレールに結んで、もう一方に輪を作り、そこへ首を通してすみやかにぶら下がったのです。

ところが私はこのとおりの肥満体型ですから、一気に体重を掛けたらレールが持ちこたえられず壁から外れてしまったんですね。無防備な顔からもろにテーブルにぶつかってしまって鼻血を出しながら、私はようやく我に返ったというわけです。

我に返ってみると自分がどうしてこんな馬鹿げたことを考えたのかわからない。左右で人が死んだから自分も死ぬなんてオセロゲームじゃあるまいし、と自分で思って笑ってしまうほどまったく意味不明だったんですね。いったいどういう心理状態なのか説明できませんが、とにかく気の迷いというのはあるんだと痛感して、壊れてしまったカーテンレールをしばし呆然と眺めていたのです。

ただ気味が悪いなと思ったのは、私友人に相談の電話を掛けたわけだけど、その友人が誰なのか覚えてなかったんです。

名前も何も思い出せない。だから電話の通話履歴を見てみたんだけど、その時間に発信していた先って実家の電話番号だったんですよ。


長野の実家には現在年老いた両親だけが暮らしています。でも私が話した相手は父でも母でもないし、でもどんな声だったかなんてきわめて曖昧で性別も思い出せなかった。訳がわからないままとりあえず実家に電話してみたところ、留守電に替わったのでそのときはすぐに切りました。夜になってからようやく通じたんですが、電話に出た母が言うには今日は夫婦で友達のところへ行っていて家には日中誰もいなかったと。

ただ帰宅したら留守電が一件入っていて、それは私の番号からだったというのです。

だからもしかして私はあの妙な相談を夢うつつで実家の留守電に向かって吹き込ん

でしまったのかと思って、何か嫌な汗をかきながらその内容を訊ねたのですね。

するとと母は留守電は終始無言だったって言うんです。だから逆にこっちが訊かれたわけですよ、時間いっぱいずっと何も言わずに切れてしまったけどあれは何だったのか、何か用事があったんじゃなかったのかと。

私はもちろん答えられませんから、適当にごまかして話を切り上げました。こっちで今日何があったのかなんて、余計な心配掛けるだけですから一切話してはいません。

ただ、母によればその無言の留守電の録音にはごくかすかにだけど物音が入っていたらしいのですね。

よく耳を澄ませて聞いていると、それは箒《ほうき》で固い地面を掃くような音だったそうです。

うちは大家がよく建物のまわりの敷地や通路を掃きに来ていますが、その日は部屋にいる間箒の音を聞いた覚えがないんですよね。

でも箒というと私は誰より大家のことを思い浮かべてしまって、なんだかそのことがずっと気になっているんです。何が私の心に引っかかってるんでしょうねえ？

伴侶

佐登子さんは持病があって定期的に短期入院することがあるのだが、六年ほど前に入院したとき、二人部屋で一緒になったお婆さんが夜中にひどく魘《うな》されていたので看護師に相談したところ、後で佐登子さんはそのお婆さんに文句を言われた。

「こんなこと言いたかないけど、余計なことしないでちょうだい」

叱られた佐登子さんは心外だったけれど、すぐに謝ったという。

「ごめんなさい、でもすごく苦しそうにしてらっしゃったから」

するとお婆さんは佐登子さんの言葉を無視するように、一方的に話し出した。

「あたしはねえ、死んだ旦那に会うくらいしかもう楽しみがないのよ。年寄りなんてそんなもんでしょ？　あんた若いからわかんないだろうけど、べつに世の中に未練なんてないのよ、友達が死んで、旦那が死んで、子供なんか自分らのことで手一杯なんだから。ほっといてほしいわよ、年寄りの楽しみを邪魔するもんじゃないでしょ？

もうあっちこっち痛くて切ったり貼ったりばかりで、いい加減うんざりしてるんだからさ」

そしてぷいっと背を向けると、スリッパを鳴らして病室を出ていってしまった。

後日、佐登子さんはそのお婆さんの伴侶だった男性が、病棟は違うがかつてこの病院の中で亡くなっていることを看護師から聞かされた。

それで先日のお婆さんの話がいくらか腑に落ちたのだが、つまり死んだ夫が夢で会いにくることが今では彼女の唯一の楽しみということだろうか？

それにしてはあれから毎晩、お婆さんは助けを求めるように苦しげにうめいてばかりいる。

まるで嫌がる彼女が死んだ夫にむりやり連れ去られようとしているかのように、佐登子さんには聞こえてしかたなかった。

そんなことは本人にはもちろん、看護師にもちょっと言えないので胸にしまっておいたのだ。

ところが意外にもというべきか、お婆さんの退院は佐登子さんよりもひと足早かったそうだ。

息子らしい陰気な中年男に荷物を持たせて病室を出ていくとき、お婆さんは心なしか入院中よりも老け込んでいるように見えたという。


その日の午後には、お婆さんと入れ替わりにまだ十代の女の子が入院してきて、佐登子さんと相部屋になった。

翌朝女の子がひどくやつれたような、あきらかに寝不足の顔をしていたので「慣れない環境であまり眠れなかった?」と佐登子さんが訊ねたところ、

「なんか、怖い夢を見たんですよ。夢っていうか、自分では起きてたつもりなんだけど……ベッドの横に知らないお爺さんが立ってて、私のことをじっと睨みつけてくるんです。何かぶつぶつ言いながら部屋を出てって、しばらくするとまたもどってきて睨みつけてきて。そんなのが一晩中続いてて……そういう徘徊するお爺さんが現実にいるのかと思ったんですけど、違うんですよね? あれ現実じゃないんですよね? すみません変な話しちゃって」

女の子がすまなそうに語るのを聞いて「枕が変わると眠りが浅いから変な夢見ちゃ

うよね」とうなずきながら、佐登子さんは胸が冷えていくような心地がしていた。

そのベッドでお婆さんが毎晩魘されていた話を佐登子さんは女の子にしていないし、他に誰も彼女にそんなことを教えてはいないだろう。

だとしたら、お爺さんは伴侶であるお婆さんが退院してしまったことを知らずに昨夜ここを訪れて、同じベッドに知らない娘が寝ているのを見つけて睨んでいたのではないか。

そんなことを想像したのだが、まもなく佐登子さん自身も退院してしまったのでそれ以上のことを女の子からは聞いていない。


翌年また短期入院した際に、顔なじみの看護師に聞いたところでは、お婆さんはあれからわりとすぐに再入院することになって、何日か後の深夜に急変してそのまま回復ならず息を引き取ったという話だった。

そのときは前回とは別の病室だったそうだから、お爺さんの幽霊は迷わずちゃんと伴侶の新しいベッドを見つけ出せたのだろう。そしてお婆さんにとってもそれが望んだ結末だったならいいなと、佐登子さんはひそかに思ったそうである。

峠の廃墟

これは平成一ケタのある冬の日の話。

裕吾さんが高校時代の仲間三人とひさしぶりに遊ぶことになり、車で拾ってもらうため近所のコンビニの駐車場に立っていた。

すると道の向こうから小さな女の子がローラースケートで滑って近づいてくるのが見えたという。

黄色いヘルメットをかぶったその子は背中に何か大きなものを背負っていて、細い体からはみ出して見える。リュックにしては色も形も変だなと思いながら見ていたら、通り過ぎる直前に女の子が背負っているのは荷物ではなく、腰から上しかない裸のおばさんだと気がついた。

〈だってあるけないのよ〉

甘えるように低くつぶやいた声が耳に残り、はっとして裕吾さんが目で追うと、肩のあたりにしがみついて腰の断面から腸をびらびらと靡《なび》かせたおばさんとともに、女の子はぐんぐん道を遠ざかっていった。

ほどなく到着した友人たちに、裕吾さんはたった今見たものを興奮気味に話した。

車内での反応は半信半疑というところだったが、この話に触発されて予定変更した彼らは急遽心霊スポット行きを組み込むことになったという。

その日は県境周辺で遊ぶことになっていたので、少し足を延ばした峠にある有名な廃墟に夕方頃着くように移動することになったのだ。

実際に現地に到着したときはすでに周囲は真っ暗で急速に冷え込んでおり、あまり厚着をしてこなかった裕吾さんたちは車を降りて後悔したが、せっかく来たのだからと周辺を足早に一周してくることになった。

そこは元は地元企業の施設らしいが荒れ果てた建物は落書きだらけで、肝試しのスポットとして夏場にはかなりにぎわい、治安も悪いと聞いていた。施設内でかつてホームレスが死んでいたとか殺されたとか、幼い女の子が殺されたとか遺棄されたとかいう真偽の定かでない噂があり、それにまつわる幽霊の目撃談や「帰りに事故に遭った」等の噂は多数耳に入っていたらしい。

裕吾さんは昼間見た異様な〈おばさん〉の声が耳に残ったままで、正直そんなありきたりなスポットはどうでもよく車に残りたかった。が、友人たちから「お前が行かなくてどうする」「何か見えたら教えてくれ写真撮るから」などと〈視える人〉扱いされ仕方なく一行に加わった。

一つしかない懐中電灯をドライバーの男が持って先頭を進む。冬枯れした草を踏んで建物に近づくと、立ち入り禁止という看板と有刺鉄線が行く手を阻んでいた。とにかく寒かった彼らは無理せず素直に迂回して、建物の外観を眺めながら歩いた。行き止まりになったので引き返してきたところ、車のそばに人が立っていることに気づいたという。

一瞬彼らはざわついたが、よく見るとそれは彼らの仲間で今日も声を掛けたが用事があって来れないはずのKだとわかった、

「えっどうしたのお前、元気かよ？」

「どうしてここにいるってわかったの？　お前ら誰かKに教えたのか？」

「バイクで来たのか。なんかずいぶん痩せたなあ」

口々に話しかける者たちを無視してKはまっすぐ裕吾さんの前に来て立ち止まった。

裕吾さんは話しかけようとしてKの顔を見て、なぜか暗闇なのに彼の目鼻がまるで光っているようにはっきり見えることにとまどった。

異様に澄んだ目で裕吾さんを見つめてKはこう言った。

「お前が昼間見たのな、おれの母ちゃんなんだ」

するとKは踵《きびす》を返して車の向こうに止めてあったバイクに跨《また》がり、山道を走ってたちまちカーブの向こうに消えていった。

裕吾さんたちはみな呆気に取られて言葉もなくその後ろ姿を見送った。

なぜならKがサイドスタンドを蹴り上げたときからずっと、遠ざかっていくバイクが音を消した映像のように終始無音だったからである。

その後あらためて確認したけれど、峠の廃墟に行くことをKに伝えた者はいなかったし、後日裕吾さんたちは何度もKに連絡を取ろうと試みたけれど、自宅の電話番号が変わっていたり家の人に取り次いでもらえなかったりと、なぜか話すことも会うこともできずじまいだったそうだ。

防犯カメラ

以前、由衣さんは知人が店長をやっている二十四時間営業の店で、秘蔵の防犯カメラの映像というのを見せてもらったことがある。明け方の誰もいない時間に店内で怪しいものが映っていたというのだ。

「ここにほら、黒い人影がよぎったでしょ。またよぎるから見てて。ほらよぎった。ほらまた」

そう何度も画面を指差されたけれど、由衣さんには何か映っているようには見えない。

なので「ちょっとわからないです」と言いながら振り返ったところ、知人のまわりを蝿が飛び回っていて、その動きを追って彼の目玉がぐるぐる回っていた。

よく見ると飛んでいるのは蝿ではなくて虫のように小さな人間だったという。

話しかけて下さい

克義さんは以前、関東の某自治体の仕事でアンケート配布のバイトをしたことがある。

各戸を訪問してアンケート用紙を配布し後日回収するのだが、直接手渡しが原則だったので留守の家は何度も訪問しなければならないこともあった。

担当区域には坂道が多かったため、まだ春先とはいえ克義さんは仕事中は汗だくだった。

とくにYという地域は急な坂の上にあるうえに道がその一角だけで閉じていたので、わずかな戸数のためにいちいち見上げるような急坂を往復しなければならなかった。

しかも若い住人が多いせいか、そのまだ新しい建売住宅が並ぶ小さな区画はいつも留守の家が多かったという。

何度目かにYに足を運んだ克義さんは、一軒の家のインターフォンを鳴らした。

その家からは在宅日時の連絡があったため、今日は確実に手渡しできることになっていたのだ。

三十代くらいの女性が顔を出し、克義さんはアンケートを渡して説明し、ではよろしくお願いしますと頭を下げた。

すると女性は「ちょっと待ってて」と言って、慌てたように奥に引っ込んでしまった。

外を歩き回る仕事をしていると、中には親切な人がいて「暑いのに大変だね、これ飲んで」などと言って冷たいペットボトルなどを渡されることもある。

だからそういうことだろうと思って待っていたら、奥から女性は車椅子を押しながらもどってきた。

その車椅子には後ろで押している女性と瓜二つの女性が、ぐったりと首をかしげたような姿勢で座っていたという。

克義さんは混乱して二人を見比べながら急に噴き出てきた汗をハンカチで拭った。

すると車椅子を押してきた女性がにっこりと笑顔でこう言った。

「姉が最近誰とも話をしてないので、せっかくだし話しかけてもらえませんか」

克義さんは一体何を言われているのか理解できなかったが、とにかく二人がどうやら双子の姉妹らしいことはわかった。

「ええと、話しかけると仰いますと……」

戸惑いながらやっとそれだけ口にすると、克義さんは〈姉〉に視線を向けた。

よく見ると車椅子に単に座っているのではなく、服の色とよく似た紐で厳重に体が縛り付けられていた。

はっとして〈妹〉に目を移したら、

「暴れるじゃないですか、そういうとき他にいろいろ迷惑かけるといけないし、うるさいし、こっちも忙しいから対応できないんで、その点はケースバイケースでいくしかないんで。まあとにかく話しかけて下さるのが一番ですし」

そんなよくわからないことを笑顔ではきはきと話している。

「すみません、仰ってることがわからないのですが」

そう言って克義さんが後ずさりして、ドアの外へ出て行こうとしたとき〈妹〉が急に無表情になって車椅子を克義さんのほうへぐいっと押し出した。

すると車椅子の女性がすっくと立ち上がり、よろけながらこちらに向かって歩いてきた。

克義さんには彼女が、体を縛り付ける紐を手品のように通り抜けて立ち上がったようにしか見えなかったという。

「ほらー言わんこっちゃない。さっさと姉に話しかけないからですよー」

無表情な〈妹〉が感情のこもらない棒読みのような声でそう言った。

「だからー結局そういう場合姉のほうから話しかけられちゃうんですからねー」

そんな棒読みの声を背に、おぼつかない足取りでこちらによたよたと近づいて来た女性に無意識に克義さんは手を差し伸べていた。

すると女性は予想外に強い力で彼の両手を握りしめ、体ごとぐっと引き寄せると、

「タスケテクダサイ」

そう克義さんの耳元でささやいたという。

びっくりして間近で顔を見つめると、彼女の皮膚は異様につるっとして毛穴がないことに彼は気づいた。

「オネガイ、タスケテクダサイ、コワサレチャウノ」

体を預けるようにしがみついてくるその女性は見た目のグラマーさに比して異様に

軽く、まるで中身が空洞の人形に抱きつかれているようだった。

そして体全体からどことなくビニールホースのような臭いが漂っている。

「姉の話は長いんですよー、男と見れば捕まえて身の上話ですからー、なかなか終わんないですよー」

いかにも投げやりな調子でそう言っていた〈妹〉が一転して今度は〈姉〉に向かって、

「てめえまた服着たまま漏らしてんのか‼　小便は一日一回にしろって言ってんだろが糞女‼」

そう鬼のように口汚く罵《ののし》ったので、驚いて克義さんが思わず女性を突き放してしまうと彼女はそのまま勢いよく壁にぶつかって跳ね返り、バサッという音を立てて三和土《たたき》にうつ伏せに倒れた。

その衝撃で女性の胴体から外れた首が彼の足元にころころと転がってきて、

「タスケテ、ケテ、ケテ、ケテ、ケテ、ケテ、ケテケテケテケテケテケテケテ……」

そう言いながらすごい速さで瞬きし始めたので、克義さんは夢中で玄関を飛び出した。

背後から聞こえてきたけたたましい笑い声が〈姉〉〈妹〉どちらのものかはわから

ない。

　彼はそのまま振り向かずに急な坂を一気に駆け下りていった。

　その家にアンケートを回収に行く勇気がなかった克義さんは、バイトを途中で辞めてしまった。

　他の配布員たちとの個人的なつきあいがなかったので、担当を引き継いだ人がはたしてあの奇妙な〈姉〉に会ったのかは不明である。

その家

充治さんは二年前に大病を患って以来、それまで毎晩のように正体をなくすほど飲んでいた酒をきっぱりとやめて健康的な生活を送るようになった。

同じ頃からなぜか自宅の誰もいない部屋で人の気配を感じるようになり、時にははっきりと足音や咳払いなどが聞こえたり、部屋の中の物が勝手に移動していたりすることもあったという。

充治さんは離婚してからずっと一人暮らしで客も来ていないのにそういうことが続き、ついには部屋の明かりを落とした瞬間に「壁に向かって正座する人の姿」まで見えてしまった。あわてて明かりをつけると誰もいなかったが、怖くなった充治さんは霊感があるという評判だった知り合いに相談してみたのだという。

するとその人は家にやってきてひと通り部屋を見てまわった後こう言った。

「これはあなたがここに住む前からずっと家にいるものですよ」

その家は充治さんが離婚直後に買ったもので改築はされているが三十年くらい前に建てられている。以前の住人のことは充治さんは何も知らなかった。

「ここで亡くなっている人だと思います、二十年くらい前の住人でしょう」

最近になって急に気配を感じるようになったのは充治さんに原因があるとその人は言った。

つまり以前から物音は聞こえていたはずだが、毎晩泥酔していた充治さんは気づかなかっただけだろうというのだ。

正座している人の姿というのも、ずっとそこにいてたぶん充治さんは何度も見ていたはずなのに、見ても忘れてしまったか何か夢のようなものと思い込んで気にしていなかったのだろう。

そう説明されて半ば納得し、半ば納得がいかないまま彼はその家に住み続けた。

「でも二か月が限度だったね。はっきり何かが〈いる〉って他人に太鼓判を押された後じゃ、もうシラフで暮らせる家ではないんだとわかったよ」

このままではふたたび飲酒の習慣がもどってしまうと危惧した充治さんはその家を手放して現在のやや手狭なマンションに移った。

新居を決める前にはくだんの知り合いに見てもらい、ここには〈いない〉とお墨付きをもらうことを忘れなかったようである。

よくないところ

漫画家のUさんは自宅で仕事をしていたら突然母親が訪ねてきたことがある。

テレビの夕方のニュースを流しっ放しにしながらペン入れをしていたら、画面が乱れてアナウンサーがカラフルな雪だるまみたいに見えた。もう買い替え時かなと思いつつ、気にせず作業を続けていると玄関のチャイムが鳴った。

ドアを開けると、よそゆきのコートを着込んだ母親が立っていたのだ。

「えーっどうしたの連絡もなしに」

そう驚く彼に母親は「家の電話も携帯も繋がらないじゃないの」と怒っている。

そういえば仕事の邪魔だから着信音を消していたな、と思って後でどちらも確認したそうだが、なぜか着信記録が残っていなかったそうだ。

ともかく母親を部屋に上げて何の用件なのか訊ねた。

「あんた正月も帰ってこなかったでしょう」

母親はそう言いながら、持ってきた包みを開け始めた。

「もう鏡開き過ぎちゃったけど、あんたどうせ細かいこと気にしないでしょ？」

そう言って手のひらに収まるサイズの、真空パックの鏡餅を床にぽんと置いた。

「ちょっと、こんなのわざわざ届けにきたわけ？」

Uさんは呆れて言った。両親の住む家から都内にあるUさんのアパートまで電車で二時間半はかかる。

「これだけのはずないでしょ」

言いながら母親は真空パックの丹波の黒豆、真空パックの鮭の昆布巻、地元の神社の破魔矢、地元の商店街の福袋などを床に並べていった。

プチ正月セットだなと思って眺めていると、

「あんた最近大丈夫なの？」

母親はいきなり話題を変えた。

「大丈夫って何が？」

「ここ越してきたのっていつだっけ？」

「去年の三月……四月かな」

「×××の婆ちゃんが心配してたのよ、あんたがよくないところに行って、どんどん悪くなってるって」

×××というのは地元の地名で、そこに住んでいる大叔母が拝み屋のようなことをしているのでそう呼ばれていたのだ。Uさんが子供の頃の母親は、何かあればすぐ相談に赴くなど大伯母を信奉していたのだが、最近は遠ざかっているとばかり思っていた。

「母さんまだ×××通ってるの？」

「いや最近は行ってない。婆ちゃんも耳が遠くて話すのが難儀だからね」

「じゃあ何で……」

「むこうから電話が来たのよ。息子のマサシさんがかわりに掛けてきて、伝言であんたのことを心配してるって言われて。婆ちゃん小さい頃からあんたのこと視てたから気に掛けてくれてるのよ、それで『どんどん悪くなって、このままだと次の正月があるかどうか』なんて言われて、びっくりして確かめにきたってわけ」

母親の話では、老いた大叔母はさすがに昔のようにぴたりと核心を突くようなことは言えなくなっており、今回も「よくないところに行ってる」ことと「どんどん悪くなってる」こと以外は、どうにも雲を掴むような曖昧な話なのだそうだ。

「でもあたしは何十年も婆ちゃんの話聞いてるからね、なんとなく婆ちゃんの言わんとしてることはわかるのよ。マサシさんからの電話で真っ先にこのアパートのことが頭に浮かんだの」

だがUさんにしてみれば、この部屋に越してから新しい仕事がいくつか入ってその点では順調だし、他にもべつに「悪くなってる」自覚のあることは何もない。

だから母親にもそのように説明すると、

「おかしいわねえ。なんでもいいからここに来てから変わったことないか、思い出して御覧なさい」

そう迫られてUさんは渋々記憶を呼び起こしてみた。

以前住んでいた部屋はそういえば今よりも人がよく来たな、とぼんやり思い出す。友達が訪ねて来たり彼女が遊びに来たり、ということがなぜか最近めっきり減った。べつに交際が途切れたわけではなくこっちから訪ねていくことはよくあるのに、めっきり向こうからは来なくなってしまった。だからさっきチャイムが鳴ったときは、すごくひさしぶりにその音を聞いた気がして驚いたのだ。

ということはたぶん勧誘やセールスのたぐいも長いこと来ていないのだろう。

そうUさんが話すと母親は合点がいったという顔をした。

「それあきらかにみんなここを嫌がって避けてるじゃないの。あんた自身は住んでて何も感じないの？　さっき表の道から見たらこの部屋以外全部空室みたいだったけど」

「えっそんなことないでしょ」

「何言ってんの、他は全部カーテンもなくて空っぽの部屋が丸見えよ」

Uさんはまるで知らなかった。少なくとも引っ越してきた当時は両隣と下の部屋に挨拶して住人の顔を見ている。いつのまにみんな出ていってしまったんだろう。

ふとテレビに目をやると、画面はたぶんバラエティー番組のようなものに変わっていた。カラフルな蜥蜴《とかげ》のようなものに見える出演者たちが元気よく画面を跳び回っている。

このテレビも今の部屋に越してきてから急速に映りが悪くなり、たびたびこんな気の触れたような画面を見せるようになった。それにしてもひどいなと思ってチャンネルを変えていると、母親の携帯電話が派手な着信音を鳴らし始めた。

「もしもし、ああちょうどよかったマサシさん、今息子のところに来てるのよ。それでね」

えっ、と言ったきり絶句している母親の顔色がみるみる変わり、Uさんはテレビを消して母の電話が終わるのを待った。

「×××の婆ちゃんが倒れた」

通話を終えた母親がそう言ってそそくさと帰り支度を始めた。

「なんかね、深刻な状態らしいんだわ。とにかく病院の場所聞いたから、今から行ってくる」

よりによってこんなタイミングでねえ、とつぶやきながら部屋を出ていったという。

「それで婆ちゃんはやっぱり駄目で、死因は脳梗塞《のうこうそく》だったんだけど脳にかなり大きくなった腫瘍も見つかったらしくて。もし今回倒れてなくても体力的にもう手術は難しかったし、どのみちあまり長くはなかったろうって話でした」

Uさんは話を続けた。

「そういうわけでおれのほうの問題はなんとなく有耶無耶《うやむや》になったというか。母親も、『あれはたぶん婆ちゃんが自分の身に起こっていることとおまえのことを取り違えたか、混ざってしまってあんなことを言ったんだろう』

『婆ちゃんも年のせいで頭がぼんやりしてたからね。どんどん悪くなって次の正月がない、ってのはおまえじゃなくて婆ちゃん自身のことだったんだよ』

なんて言って納得して、以後もうおれのことには何も口を出してこなかったんです」

だがUさんは、あれからずっと今の部屋に感じ始めた違和感が消えないままだという。

Uさん自身は次の正月を無事に迎えたし、その次もまた新しい年を大きな病気もせずに暮らしてはいる。

「でもアパートは今も空室だらけで、たまに新しい人が来ても半年も経たずに出ていくんですよね。それに最近は空室のはずの両隣からたまに大勢の男女の笑い声が聞こえてくることがあって、いつのまに部屋埋まったのかなと思って後で見にいくとやっぱり空室。あと郵便受けの中で小鳥が死んでたことが何度かあって、あれは自分で飛び込んで死んだのか、誰かが死骸を放り込んだのか……」

テレビは映りがひどいので捨ててしまったが、捨てる前にクローゼットに突っ込んでいたときは勝手に電源が入って音が聞こえてくることがあったそうだ。

「もちろんコードは抜いてあるんですよ。数秒で音は消えるんだけど、確かにテレビの音声で野球中継らしい断片がわっと聞こえてきたり、アイドルの歌らしいのが一瞬だけ聞こえて消えたり。ああいうことって物理現象として説明つくんですかね？」

これは本当に放っておいていいものなんだろうか？　と気がかりなUさんは本心ではすぐにでも引っ越したかったそうだ。

だがこのところ漫画の仕事が激減してほぼ休業状態の今、バイトをしながら持ち込み用の原稿を描き続けているUさんに引っ越しの費用は捻出できない。

実は家賃も滞りがちになっているのだが、大家から督促が来たことは一度もなく、それがかえって不気味な気もするんですよねとUさんは語っていた。

あとがき

街を歩いていると家があって、たいていは知らない人の家なわけです。庭に置かれたおもちゃとかベランダに干された布団とか、そういうのを見てぼんやりそこに住む人の生活を想像したりする。このとき頭に浮かぶのは、なんとなく世の中の平均値をとったような家族の姿だと思います。

でも実際には人は皆それぞれに偏っていて、本人さえ意識しないような異様な暮らしを平気で送っていたりする。でもそのことが家とか当人の外見とかを見てぱっとわかるようなケースは珍しくて、ごく平凡な外見でごく平凡な日常を送りながら一点だけぽつんと異様である、というのが世の中のほとんどの人の姿なのではないかと思うのですね。

本書で紹介しているような話はまさに街を歩いているとそのへんに家があって、その家で暮らしている人たちの体験談です。職場で毎日顔を合わせるつまらない同僚や、近所のカフェの顔見知りの店員、毎日犬の散歩ですれ違う老人、などがあなたに語ったことがないばかりか、家族や友達にも語ってこなかった奇怪な話です。

人はこのような経験を意外と過去に持っているものだし、それを誰にも打ち明けないだけでなく、自分でも平気で忘れてしまったりしている。たとえば大きな事件に巻き込まれた話ならそれは社会が記憶していて、ことあるごとに社会がそれを思い出せと迫ってくるでしょう。しかし怪異に会った経験というのはほとんどがきわめて個人的なもので、当人が思い出そうとしないかぎり日常に埋没してしまうわけです。

日々のしんどい仕事やちょっとした楽しみや退屈な生活、それらに塗り込められて言葉にする機会を失った出来事を、あなたとマンションの壁一枚隔てて暮らす隣人だって持っているに違いない。つまりたとえあなたがそれを見ていなくても、壁一枚向こうで誰かがそれを見てしまったかもしれないのです。

本書『忌印恐怖譚　くちけむり』は新シリーズの一冊目として、怪談の原点としての〈語り〉にどう肉薄するかというのをひとつのテーマのようにして綴られました。

怪談というのは口から耳へと伝えられ、それがまた口から耳へ伝えられるというこの繰り返しの中に本来は命を持つものだと思います。世の中には怪談を書く人より語る人のほうが多く、人は怪談を読みたいという気持ちよりも先に、怪談を聞きたいという気持ちがあるものだと思うのです。

そして人から聞いたものは、今度は人に語りたくなる。怪談書きの多くは人前で怪談を披露するライブイベントなどでも活動していて、語るほうはからっきし不得手な筆者のようなタイプは例外的だと思われます。実録怪談があくまで口と耳の間に明滅する世界を記録したものであるという、そのことを文章に痕跡として留めることを意識することで、筆者なりに〈語り〉としての怪談にあらためて向き合ったのが本書になります。

とはいえ見切り発車で走り出してからいろいろ帳尻を合わせていくのはいつものことで、事前の意図がどれほど実現できているかは心もとなくはあります。

読者の皆さんにいくばくかの新味があると感じていただけていたなら筆者としては無上の喜びです。

本書が仲立ちをつとめた市井の人々の怪奇な話の数々が、皆さんの目のみならず耳をも震わせていることを願いつつ筆を擱かせていただきます。

我妻俊樹

忌印恐怖譚 くちけむり

2018年2月5日　初版第1刷発行

著者　我妻俊樹
デザイン　橋元浩明(sowhat.Inc.)
企画・編集　中西如(Studio DARA)
発行人　後藤明信
発行所　株式会社 竹書房
〒102-0072 東京都千代田区飯田橋2-7-3
電話03(3264)1576(代表)
電話03(3234)6208(編集)
http://www.takeshobo.co.jp
印刷所　中央精版印刷株式会社

定価はカバーに表示しています。
落丁・乱丁本の場合は竹書房までお問い合わせください。

ISBN978-4-8019-1363-9 C0176